행복해질 용기

행복해질 용기

기시미 이치로 지음

이용택 옮김

북스토리

산다는 건 괴롭다

···

고대 그리스의 철학자 플라톤Platon은 "살아 있는 모든 생명체는 태어난다는 것부터가 애초부터 괴로운 일이다"라고 말했다(『에피노미스Epinomis』). 고대 그리스인에게는 처음부터 태어나지 않는 것이 가장 행복한 일이고, 그다음으로 행복한 일이 태어나자마자 죽는 것이었다.

물론 이런 생각은 오늘날 받아들이기 힘들지만, 오래 살수록 안 좋은 꼴을 더 많이 본다는 것도 부정할 수는 없다. 하지만 그렇다고 해서 삶을 포기해야만 할까?

산다는 것이 오로지 괴로운 일의 연속은 아닐 것이다. 공기의 저항이 있어야만 새가 하늘을 날 수 있듯이, 인생에서 경험하는 괴롭고 힘든 수많은 사건이 있어야만 인생을 꿋꿋이 살아나갈 수 있고, 또 그 괴로움을 지렛대로 삼아 삶의 기쁨도 느낄 수 있다.

행복하게
산다는 것은
...

이 책에서는 아들러 심리학을 토대로 어떻게 하면 행복하게 살아갈 수 있을지를 고찰한다. '어떻게 하면 행복하게 살아갈 수 있을까?'라는 물음은 '행복해질 수 있다' 혹은 '행복해지고 싶다'라는 생각을 전제로 하는데, 어쩌면 '행복해질 수 없다' 혹은 '행복해지고 싶지 않다'라고 생각하는 사람이 있을지도 모른다. '행복'이라는 말을 입 밖으로 꺼내는 것조차 꺼리는 사람도 있을 수 있다.

행복하게 산다는 의미가 좋은 학교를 나오고 좋은 회사

에 들어가 출세하는 것이라거나 누구나 부러워할 만한 결혼에 성공하는 것이라면, 그런 통속적인 의미의 행복은 자신과 상관없는 일이라 여기며 아무런 흥미조차 보이지 않는 사람도 분명히 많을 것이다.

얼마 전에 인터넷으로 사람들을 만나 동반 자살을 시도했다가 홀로 살아남은 어느 대학생이 있었다. 그에게 자살하려고 한 이유를 묻자, 그는 앞으로 40년 동안이나 똑같은 생활을 반복하는 것이 괴로웠기 때문이라고 답했다. 그 대학생은 아마 학교를 졸업하고 취직을 한 후 결혼을 한다는 평범한 인생을 설계했을 것이다.

앞길이 빤히 내다보이는 평범한 인생은 언뜻 보면 안정적이지만, 추리소설을 읽을 때 마지막 페이지를 미리 읽어버린 것 같은 허무함이 느껴졌는지도 모른다.

앞으로 일어날 일을 속속들이 알게 된다면 산다는 것은 지루함의 연속일 뿐이다. 그래서 인생의 허무함에 사로잡힌 사람은 통속적이고 평범한 행복에서 등을 돌리기 마련이다.

통속적인 행복을 넘어
...

내가 스물다섯 살이었을 때 어머니가 뇌경색으로 쓰러지셨다. 당시 나는 철학을 공부하고 있었기 때문에 앞으로 평생 돈과는 인연이 없는 삶을 살 것이라는 각오를 하고 있었다. 그래도 연구직에 취업해서 대학교에서 학생들을 가르치고 싶다는 희망이 있었고, 그것이 나의 명예심 혹은 야심이었다는 사실은 부정할 수 없다.

그런데 대학원에 입학하려던 해에 어머니가 뇌경색으로 쓰러지시는 바람에 나는 어머니를 간병하기 위해 대학원 진학을 단념할 수밖에 없었다. 내가 그려왔던 인생 설계가 와르르 무너져버리고 만 것이다.

나는 반신불수로 의식을 잃은 채 병상에만 누워 계신 어머니를 바라보며, 대체 사람이 살아가는 의미가 무엇인지 날마다 고민에 빠질 수밖에 없었다. 인생의 마지막에 남는 것만이 의미가 있다고 한다면, 돈이나 명예는 행복과 상관없을 것이다. 또한 어머니처럼 의식을 잃은 상태라면, 건강조차 행복과는 상관없는 게 아닐까 싶었다.

이렇게 해서 나는 통속적 혹은 세속적인 의미의 행복이 아니라, 그와는 다른 진정한 의미의 행복을 찾아야겠다고 결심했다. 석 달 투병 끝에 끝내 어머니가 돌아가셨고, 그 후 어렵사리 대학원에 복학한 나는 더 이상 이전의 내가 아니었다.

지금 이 순간부터 행복해질 수 있다
...

그로부터 10년 후, 나는 처음으로 아들러Alfred Adler 심리학에 관한 강의를 듣게 되었다. 강사였던 오스카 크리스텐슨Oscar Christensen은 "오늘 이 강의를 듣고 있는 여러분은 지금 이 순간부터 행복해질 수 있습니다. 그러나 아들러 심리학 강의를 듣지 못한 사람은 결코 행복해질 수 없습니다"라고 말했다.

나는 그 말을 듣고 놀라는 한편 반발심도 생겨났다. 어머니의 죽음을 계기로 진정한 행복이란 무엇인지 지금껏

줄곧 고민해왔어도 답을 찾지 못했는데, 행복해지는 방법을 그토록 간단히 단정 지어도 괜찮은가 싶었다.

하지만 얼마 지나지 않아 그의 말이 결코 과장이 아님을 알아차렸다. 세상에는 '어떤 상황에서도 자신의 주관이나 마음먹기에 따라 행복의 의미가 달라진다'는 흔하디흔한 행복론이 넘쳐나는데, 아들러의 가르침은 그런 평범한 행복론과 일선을 긋는다는 사실을 깨달은 것이다.

어떤 음식을 어떤 사람이 맛있다고 하는데 다른 사람은 맛없다고 하는 것은 주관적인 취향의 차이다. 하지만 어떤 음식이 몸에 유용한지 혹은 유해한지 묻는다면 주관적인 느낌으로는 대답할 수 없다. 이와 마찬가지로 주관적인 마음먹기만으로는 인생이 행복해지느냐 불행해지느냐를 결정할 수 없다. 어떻게 하면 행복해질 수 있느냐는 물음에는 자동판매기에서 음료수가 나오듯이 쉽게 답이 나오지는 않는다. '이럴 때는 이렇게 하라' 하는 식의 간편한 매뉴얼도 만들 수 없다. 그러나 행복해지기 위해 어떤 식으로 살아야 하는지에 관한 하나의 지침을 아들러 심리학은 분명히 제시해줄 수 있다.

태어나고 늙고
병들고 죽는 것

...

아들러는 인간의 모든 고민이 대인관계에서 비롯된다고
말했다. 대인관계의 고민에서 벗어날 수 있다면 행복에 가
까워진다는 뜻이다.

그래서 이 책 『행복해질 용기』에서는 대인관계에 관해
자세하게 논하고자 한다. 또 제4장에서는 사람이 늙고 병
들고 죽는 것과 어떻게 마주해야 좋은지에 관해서도 고찰
한다.

불교의 가르침에서는 인간이 벗어날 수 없는 네 가지 고
통으로 생로병사生老病死, 태어나고 늙고 병들고 죽는 것를 든다.
그 누구도 피할 수 없는 생로병사에 직면했을 때야말로 행
복의 진가가 발휘된다.

늙고 병들고 죽는 것은 결코 인생의 마지막 순간에 우리
를 기다리고 있지 않다. 노老, 병病, 사死는 늘 생生과 함께
한다. 젊은 사람도 예외가 아니다.

아들러가 전하는
단순한 행복론
…

아들러의 강연을 처음 들은 사람이 아들러에게 "오늘 하신 이야기는 전부 상식적인 내용뿐이로군요"라고 말했다. 그 사람의 말에 아들러는 "상식적인 내용이 뭐가 나쁜가요?"라고 대답했다(Brett, Colin. Introduction. In Adler, Alfred. 『Understanding Life』).

만약에 아들러가 완전히 터무니없는 강연을 했다면, 그 사람은 아마도 아들러의 강연이 비상식적이라고 비난했을 것이다.

프랑스의 출판인인 베르나르 그라세Bernard Grosset는 "천재적인 재능이란 새로운 자명성自明性을 창출하는 능력"이라고 말했다. 예전부터 존재했음에도 아무도 그 존재를 깨닫지 못했던 것을 새롭게 발견하고 말로 표현하는 능력이 천재적인 재능이라는 의미다. 말로 표현되는 순간에 그것이 당연한 말처럼 느껴지면서 사람들의 상식으로 편입되는 것이다.

이 책에서 다루는 행복론도 상식적이면서 매우 단순한 이야기다. 단순하게 행복해질 수 있는 힌트를 이 책에서 얻어 갈 수 있다면 저자로서 더할 나위 없이 기쁠 것이다.

차례

/ **제1장** /

행복해질 용기를 위한
아들러 심리학

/ 제2장 /

행복하게 살아가기 위해
자신과 마주하기

/ 제5장 /

일상 속에서
행복 찾기

행복해질 용기를 위한 아들러 심리학

"내 이름을 아무도 기억하지 못할 때가 올지도 모른다.
아들러파가 존재했다는 사실마저 잊힐지도 모른다.
하지만 내 이름이 잊혀도 상관없다.
그것이야말로 심리학 분야에서 일하는 모든 사람이
나의 이론을 상식처럼 여기고 행동하게 되었다는
의미일 테니까."

시대를 앞서 간
아들러 심리학

...

우선 이 책을 통해 아들러 심리학을 처음 접하는 독자를
위해 아들러가 어떤 사람이었는지부터 간단히 소개하겠다.

오스트리아의 정신과 의사였던 알프레드 아들러Alfred
Adler, 1870~1937는 프로이트Sigmund Freud가 운영하던 '빈 정
신분석협회'의 핵심 멤버로 활약했다. 그러나 프로이트와
학설상 대립을 하면서 '빈 정신분석협회'를 탈퇴했고, 다
음에서 설명하게 될 '전체론' '목적론' 등을 중심으로 하

는 독자적인 이론 체계를 구축한 후 이를 '개인심리학 Individualpsychologie, Individual Psychology'이라고 명명했다. 일본에서는 일반적으로 창시자의 이름을 따서 '아들러 심리학'이라고 부른다.

서구에서는 현재도 아들러의 이름이 프로이트나 융Carl Jung과 함께 어김없이 언급될 정도로 명성이 높지만, 일본에서는 아들러가 그다지 잘 알려져 있지 않다. 그런데 놀랍게도 현재 널리 쓰이고 있는 '열등감'이라는 단어를, 오늘날에 사용되는 의미로 가장 먼저 사용한 사람이 다름 아닌 아들러다.

만약 아들러가 지금도 살아 있다면 오늘날과 같은 상황을 어떻게 생각할까? 이에 관해 아들러는 다음과 같은 말을 한 적이 있다.

"내 이름을 아무도 기억하지 못할 때가 올지도 모른다. 아들러파가 존재했다는 사실마저 잊힐지도 모른다. 하지만 내 이름이 잊혀도 상관없다. 그것이야말로 심리학 분야에서 일하는 모든 사람이 나의 이론을 상식처럼 여기고 행동하게 되었다는 의미일 테니까(Manaster, Guy et al. eds.,

『Alfred Adler : As We Remember Him』)."

아들러는 어렸을 적에 구루병에 걸려 몸을 자유롭게 움직일 수 없을 만큼 병약했던 데다 어린 남동생의 죽음까지 곁에서 지켜보면서, 일찍이 죽음에 관한 문제에 관심이 생겨 의사가 되기로 결심했다.

유대인이었던 아들러는 가족의 기대를 한 몸에 받으며 1912년에 빈 대학교에 무급 강사 자격을 신청했지만, 2년 반이라는 오랜 심사 끝에 빈 대학교에서는 아들러의 신청을 기각했다. 아들러가 의사가 되고 싶었던 이유는 돈을 벌거나 명성을 얻기 위해서가 아니었다. 아들러는 돈이나 명성보다는 세상을 변화시켜 인류에 이바지하고 싶어서 의사를 지망했다.

아들러가 이런 생각을 갖게 된 이유는 일찍이 사회주의에 관심이 있었기 때문이다. 아들러가 대학교를 졸업한 지 2년 만에 결혼한 라이사Raissa Epstein와도 사회주의 공부 모임에서 만났다.

그래서 아들러는 학구풍인 프로이트와 달리 연구가 아닌 진료를 위해 의학을 선택했고, 처음에는 내과 의사로

개업했다. 프로이트가 자신이 운영하던 연구회에 아들러를 초빙했을 때, 이미 개업의로서 좋은 평판을 쌓아가던 아들러의 명성을 익히 들어 알고 있었다고 한다.

아들러는 가난한 환자에게 값비싼 진료비를 받지 않았고, 환자 앞에서 거만한 태도나 무례한 언동도 보이지 않았다. 하루도 쉬지 않고 아침부터 저녁까지 진료와 연구에 힘썼고, 진료를 끝낸 밤에는 카페에서 늦은 시간까지 친구들과 토론을 즐겼다. 나는 아들러의 삶이 아테네 거리에서 청년들과 대화를 나누던 소크라테스Socrates와 사뭇 닮았다고 늘 생각한다.

이처럼 아들러의 활동 기반은 대학교가 아니라 한평생 보통 사람들과의 어울림 속에 있었다. 소크라테스와 마찬가지로 아들러도 전문용어를 삼가고, 누구나 알 수 있는 쉬운 말로 이야기하려고 애썼다. 아들러는 이에 관해 "나의 심리학은 (전문가만의 것이 아니라) 모든 사람의 것이다"라는 말을 남겼다.

1914년에 제1차 세계대전이 발발했을 당시 44세였던 아들러는 징병될 나이가 아니었음에도 군의관으로 참전했다. 전쟁의 처참한 현실을 체험한 아들러는 타인을 적으로 보지 않고, 필요하다면 자신을 바치면서까지 도와주어야 하는 상대로 여기는 '공동체 감각'이라는 사상에 도달했다.

사회주의에 관심이 많던 아들러는 당초 정치 개혁으로 사회를 바꾸어나갈 것을 목표로 삼았지만, 결국 정치 현실을 자각하고 정치가 아니라 '육아'와 '교육'으로 개인, 더 나아가 인류를 구할 수 있다고 생각하기 시작했다.

제1차 세계대전 후 황폐해진 빈에서 청소년의 비행과 범죄가 사회문제로 떠오르던 와중에, 아들러는 자신의 신념을 토대로 빈 시 당국과 협의해서 아동상담소를 설립했다.

이 아동상담소는 아이와 부모를 치료하는 장소였을 뿐 아니라 교사, 카운슬러, 의사 등 전문직 종사자들을 교육하는 장소로도 활용되었다. 이는 카운슬링을 공개적인 영역으로 이끌어내는 계기가 되었다. 아들러는 특히 교사에게 기대하는 바가 컸다. '육아'와 '교육'은 아들러 심리학의 핵심이라고 할 수 있다.

이후 나치즘Nazism이 대두하면서 아들러는 유대인 박해를 피해 활동의 거점을 유럽에서 미국으로 옮겼다. 아들러는 새로운 나라에서 열정적으로 강연을 하러 다녔고, 잇따라 출판한 책들은 큰 호평을 받았다. "아이들이 손을 무릎 위에 모으고 한 치의 흐트러짐 없이 얌전히 앉아 있어야 하는 학교는 더 이상 학교가 아니다(『삶의 과학The Science of Living』)"라고 말한 아들러는 미국에서 자신의 이상을 실현할 수 있을 것으로 기대한 듯하다. 그리고 유럽 여러 나라로 강연을 하러 다니다가, 스코틀랜드 애버딘에서 심근경색으로 급사했다. 향년 67세였다.

아들러 자신은 히틀러Adolf Hitler가 제2차 세계대전을 일으키기 전에 생애를 마쳤지만, 수많은 아들러파 학자들은 수용소로 끌려갔다. 이로 인해 아들러 심리학은 아우슈비츠에서 한 번 맥이 끊겼다고 할 수 있다.

전쟁이 끝난 후, 아들러의 제자였다가 나중에 미국으로 건너간 드라이커스Rudolf Dreikurs는 시카고를 중심으로 아들러 심리학을 보급하는 데 공헌했다. 그의 노력 덕분에 오늘날에는 미국뿐 아니라 전 세계에서 아들러 심리학이 실천되고 있다.

아들러의 사상은 시대를 한 세기 앞서 갔다고 평가받기도 하는데, 아들러가 사망한 지 한 세기 가까이 지난 오늘날에도 시대는 아들러를 따라잡지 못하는 것 같다. 인류는 아직 아들러가 구상했던 세상을 실현하지 못했다.

일단 행복에 관한 아들러의 견해를 이해하기 위해 다음의 네 가지 관점을 간단히 짚고 넘어가고자 한다.

대인관계론

인간人間은 홀로 살아가는 것이 아니라 '사람人 사이間에서' 살아간다. 인간이 홀로 살아간다면 언어도 필요 없을 테고, 자신의 생각을 조리 있게 전달하기 위한 논리도 필요 없을 것이다.

우리의 말과 행동은 아무도 없는 진공 상태에서 이루어지는 것이 아니기 때문에, 마주하는 상대방과의 관계 속에서 말과 행동의 의미를 살펴봐야 한다는 것이 아들러 심리학의 중요한 특징이다.

당연히 상대방은 내 의지대로 움직여줄 리가 없기 때문에, 내가 상대방에게 바라는 일을 상대방은 해주지 않거나,

내가 상대방에게 바라지 않는 일을 상대방이 해버리는 경우도 흔하다. 그럴 때 우리의 마음은 평온을 잃고 고민에 빠져 괴로워하게 된다. 그래서 아들러는 "인간의 모든 고민은 대인관계에서 비롯된다"라고 말하기도 했다(『삶의 과학The Science of Living』).

따라서 행복에 관해 생각할 때 대인관계를 고찰하는 일은 빼놓을 수 없다(제3장).

전체론

아들러는 자신이 창시한 독자적인 이론을 '개인심리학'이라고 불렀는데, 그 원어 'Individualpsychologie'에서 사용되는 '개인Individual'은 '분할할 수 없는(라틴어로는 individuum, divide할 수 없는)'이라는 뜻이다. 이처럼 개인심리학은 분할되지 않는 통일된 전체로서의 개인을 고찰하는 심리학이라고 할 수 있다. 그래서 아들러는 인간을 정신과 신체, 감정과 이성, 의식과 무의식으로 나누는 다양한 형태의 이원론에 반대했다.

이는 인간의 마음속에서 상반된 판단을 하는 두 가지

부분이 갈등상태에 있다는 생각이 아니다. 예를 들어, 음식을 먹어서는 안 된다는 마음과 음식을 먹어도 된다는 마음이 인간의 내부에서 서로 다투고 있다고 생각하지 않는 것이다.

또한 평소에 얌전한 사람이 느닷없이 어린아이를 심하게 혼내거나 남을 때려서 다치게 했을 때, '순간적으로 화를 주체할 수 없었기 때문'이라는 식으로 생각하지 않는다. 아들러는 전체로서의 '나 자신'이 어떤 행위를 선택하는 것이므로 그 선택을 '나 자신'이 오롯이 책임을 져야 한다고 생각했다. 아들러는 자신의 잘못된 행위를, 마음속의 갈등 탓이라거나 감정을 조절하지 못했다는 핑계를 대면서 얼렁뚱땅 넘기려 해서는 안 된다고 주장했다.

목적론

아들러는 이처럼 분할할 수 없는 전체로서의 개인이 자신의 목적을 세우고, 그 목적을 달성하기 위해 행동한다고 생각했다. 사람이 어떤 행동을 할 때면 그런 행동을 야기하는 원인이 있을 것이라고 생각하고 그 원인을 찾으려 하기 마련인데, 아들러는 그렇게 생각하지 않았다.

예를 들어, 화를 주체하지 못해 큰소리를 지르는 것이 아니라, 큰소리를 지르기 위해 화를 내는 것이다. 불안해서 밖으로 나갈 수 없는 것이 아니라, 밖으로 나가지 않기 위해 불안이라는 감정을 만들어내는 것이다.

무언가를 한다거나 하지 않는다는 목적을 먼저 세우고, 그 목적을 달성하는 수단을 생각해낸다는 뜻이다. 분노라는 감정이 알게 모르게 우리를 지배하는 것이 아니라, 자신이 하고 싶은 말을 남들에게 강하게 전달하기 위해 분노라는 감정을 이용하는 것이다. 또한 남들에게서 동정을 유발하기 위해 슬픔이라는 감정을 만들어내기도 한다.

자신의 행동을 정당화하는 이유를 사후에 생각해낼 수도 있다. 학교나 회사에 가기 싫은 사람은 주변 사람은 물론 스스로도 납득할 수 있는 핑계를 생각해내곤 한다. '전날 밤에 잠을 설쳤다' '감기 기운이 있다' 같은 핑계가 대표적이다.

아이가 아침에 일어나 배가 아프다거나 머리가 아프다며 학교에 가지 않겠다고 떼를 쓰는 경우도 있다. 이는 거

인생이 복잡한 게 아니라.
내가 인생을 복잡하게 만드는 것이다.

짓말이 아니라 실제로 몸이 아픈 것이다. 부모는 무리하게 아이를 학교에 보내기가 힘드니, 어쩔 수 없이 학교에 전화해서 오늘 하루 아이를 집에서 쉬게 하겠다고 말할 것이다. 그런데 아이가 떳떳하게 학교에 가지 않게 된 순간, 아이는 아픈 증상이 말끔히 사라진다. 아이가 꾀병을 부린 것이 아니다. 실제로 몸이 아팠을 테지만, 그런 증상이 더 이상 필요 없어졌을 뿐이다.

어른의 경우에는 약간 더 복잡한 양상을 띠지만, 기본적으로는 아이의 경우와 똑같다. 아이는 일단 학교에 가지 않겠다는 목적을 세우고 그 목적을 달성할 수 있는, 즉 부모를 납득시키기 위해 필요한 증상을 만들어냈다고 할 수 있다.

어떤 경우에서든 하고 싶지 않다는 생각이 먼저 존재하고, 그 이유는 나중에 생각해낸다. 이것이 아들러가 말하는 목적론이다. 그러므로 아들러파 카운슬러에게 "할 수 없어요"라고 말하면 "하고 싶지 않으신 거겠죠"라는 대답이 돌아올 것이다.

단순하고 행복하게 살 수 있는 열쇠는 원인론적 발상을

목적론적 발상으로 바꾸는 데 있다. 우리는 원인론적으로 생각하는 데만 익숙해져 있기 때문에 행동이나 감정의 목적이 무언인지를 살피기 위해서는 훈련이 필요하다.

다음의 기본적인 개념 두 가지를 숙지할 필요가 있다.

첫째, 앞에서 분노나 불안에 관해 언급할 때 이야기했듯이 감정이 우리의 행동을 지배하는 것이 아니며, 따라서 스스로 감정에 대해 아무런 대처도 할 수 없는 것이 '아니다'라는 사실이다.

감정에 강요당해 어쩔 수 없이 어떤 행동을 해야 하는 경우는 없다. 왜냐하면 모든 행동은 스스로 결정하기 때문이다. 스스로 어쩔 수 없다고 생각하고 싶은 사람도 있을 것이다. 그런 사람은 그렇게 생각하려는 '목적'이 있다고 할 수 있다.

둘째, 지금 자신이 불행한 이유는 과거에 원인이 있는 것이 아니다. 현재 불행의 원인이 과거에 있다면, 앞으로도 영원히 행복해질 수 없을 것이다. 타임머신을 타고 과거로 돌아가지 않는 한, 과거에 존재하는 원인을 바꿀 수는 없기 때문이다. 그러나 미래에 존재하는 목적은 분명히 바꿀 수 있다.

다만 그러기 위해서는 일단 자신을 바꾸려는 결심이 필요하다. 불행해지고 싶어하는 사람은 아무도 없다. 그러나 행복하지는 않더라도 지금 이대로가 좋다고 생각하는 사람은 분명히 있다. 그러므로 지금 이대로는 안 된다고 자각하고, 지금의 자신을 어떻게든 바꿔야 한다고 마음먹기 위해서는 용기가 필요하다. 변화하기로 결심했다면 어떻게 변화할 것인지를 알아야 한다. 어떻게 변화할 것인지가 바로 목적이 된다. 하나하나의 행동은 자신을 위한 것이다. 그리고 그런 행동의 궁극적인 목적이 바로 행복이다.

그런데 인간은 그 행복을 달성하기 위한 수단을 선택할 때 잘못을 저지르곤 한다. 행복해진다는 것이 무엇인지, 그리고 행복해지기 위해서는 무엇을 하면 좋은지도 앞으로 생각해보기로 하자.

라이프스타일

우리는 홀로 살아가지 않기 때문에 오로지 대인관계를 내용으로 하는 과제(아들러가 말하는 '인생의 과제')가 있으며,

그 과제를 해결하며 살아가야 한다.

그런데 이 세상은 위험한 요소로 가득하므로 방심하다 보면 자신을 위기에 빠뜨리는 무서운 사람, 아들러의 말을 빌리면 '적'을 만날 수 있다. 반대로, 필요하다면 자신을 바치면서까지 도와주고 싶어지는 '동료'도 만날 수 있다. 남을 '적'으로 여길 것인지 '동료'로 여길 것인지에 따라 인생과 세상이 완전히 달라지며, 인생의 과제를 해결하는 방법 또한 달라진다.

이처럼 자신과 남을 어떻게 볼 것인지, 아들러의 말을 빌리면 '어떤 의미를 둘 것인지', 그리고 자신이 직면하는 문제를 어떤 식으로 해결하거나 혹은 해결하지 않을 것인지에 관한 자세는 보통 '성격'이라는 말로 표현된다. 그런데 성격이라는 단어 자체에서 연상되듯, 성격은 '타고난' 것이라거나 바꾸기 힘들다는 고정관념이 있다. 아들러는 절대 그렇지 않다는 점을 강조하기 위해 '성격'이라는 말 대신 '라이프스타일'이라는 용어를 사용했다.

아들러는 "라이프스타일을 스스로 선택한다"라고 하며, 이것이 아들러 심리학의 기본이다. 아들러는 이런 라이프스타일을 두 살쯤에 인식하고, 적어도 다섯 살쯤에는 선택한다고 보았지만(『살아가는 의미를 찾아Der Sinn des Lebens』), 현대 아들러 심리학에서는 라이프스타일을 선택하는 시기를 열 살 전후라고 여긴다.

라이프스타일을 선택하는 시기가 언제가 됐든, 오랫동안 특정한 라이프스타일로 자신과 세상을 바라보다 보면 현재 자신의 라이프스타일 외에 또 다른 라이프스타일이 존재한다는 사실마저 잊어버릴 수 있다.

하지만 첫 라이프스타일을 설령 무의식적으로 선택했다고 해도, 스스로 선택한 만큼 지금부터라도 그 라이프스타일을 바꿀 수 있다.

앞서 불행한 채로 살아가는 게 좋다고 여기는 사람이 있다는 점을 지적했는데, 이런 사람은 라이프스타일을 바꾸지 않겠다고 결심한 사람이다. 불편하고 부자유스럽지만 오랫동안 익숙해진 라이프스타일이 낫다고 생각하기 때문에 현재의 라이프스타일을 유지하겠다는 결심을 깨기란 쉽지 않다. 지금까지의 라이프스타일로는 더 이상 살아갈 수 없을 지경에 이르지 않는 한, 좀처럼 라이프스타일을 바꾸려고 하지 않을 것이다. 하지만 불행한 라이프스타일 또한 무언가에 의해 정해진 것이 아니라 스스로 결정한 것이기 때문에, 지금 당장 마음만 먹는다면 행복한 라이프스타일로 바꾸는 것이 가능하다.

라이프스타일을
왜 바꿔야 하는가?
...

사람은 어차피 각자 다르기 때문에 어떤 라이프스타일을 갖고 살아가든 상관없지 않느냐고 생각할 수도 있다. 그러나 행복해지고 싶다면 어떤 라이프스타일이든 괜찮다고 말하기는 어렵다. 앞에서도 살펴봤듯이 사람은 행복해지기를 갈망하면서도 행복을 실현하는 수단을 선택할 때 잘못을 저지르기 때문이다.

애초에 이런 라이프스타일을 불행의 원인으로 삼을 수 없다. 왜냐하면 라이프스타일도 스스로 선택한 것이기 때문이다.

아들러가 행복에 관해 한 말을 라이프스타일과 관련지어 아주 간단하게 정리해보면 다음과 같다.

"인생이 복잡한 것이 아니라, 내가 인생을 복잡하게 만드는 것이다. 스스로 인생을 복잡하게 만들어서 행복한 삶을 방해한다. 인생에 대한 '의미 부여(라이프스타일)'를 바꾸면 세상은 믿을 수 없을 만큼 단순해진다."

'세상이 믿을 수 없을 만큼 단순해진다'라는 말은 빈에서 아들러와 함께 일했던 리디아 지허Lydia Sicher의 말을 인용한 것이다(나에게는 인상적인 에피소드여서 졸저『아들러 심리학을 읽는 밤』에서도 소개했다).

지허는 어느 토요일에『신경질적 성격에 관해Über den Nervösen Charakter』라는 아들러의 책을 읽기 시작해서, 휴일이었던 다음 주 월요일까지 그 책에 푹 빠져들었다.

"무척 더운 날이었지만, 저는 홀로 있다는 것에 행복을 느꼈습니다. 저는 아들러의 책을 처음부터 끝까지 세 번 정도 읽었습니다. 화요일 아침에 저는 의자에서 일어났습니다. 세상이 이전과는 달라 보였습니다. (…) 아들러는 저에게 가르쳐주었습니다. 세상은 믿을 수 없을 만큼 단순하다는 사실을요(Manaster, Guy et al. eds., 『Alfred Adler: As We Remember Him』)."

'의미 부여'라는 것은 인생이나 세상 혹은 자기 자신을 바라보는 방식이다. 사람은 같은 경험을 하더라도 그 경험에 완전히 동일한 의미를 부여하지 않는다. 괴롭게 바라보는 사람도 있을 테고, 괴롭더라도 그 경험에서 배울 것이 많다고 생각하는 사람도 있을 것이다. 주변에는 무서운 사람들로 가득하다고 여기기도 하지만, 자신이 주변 사람들에게서 보호받고 있다고 느끼기도 한다.

이처럼 사람에 따라 의미 부여의 방법은 다양하다. 이것을 행복의 문제와 관련지어서, '요컨대 행복은 마음먹기에 달린 것이로군' 하고 생각하는 사람도 있을 것이다. 하지만 그런 생각은 틀렸다. 아들러는 괴로운 인생이 마음가짐에 따라 즐거워진다고 말하고자 하는 것이 아니다.

마음먹기에 따라 행복해질 수 있다고 한다면 현실과 상관없이 주관적으로 행복하다고 느끼기만 하면 될 것이고, 남들에게 행복하게 보이는 것만으로도 행복을 느낄 수도 있어야 할 것이다. 예를 들어 음식이라면 단맛, 매운맛,

쓴맛을 느끼는 감각이 사람마다 다르더라도 큰 문제는 없을 것이다. 그러나 어떤 음식이 몸에 좋은지 나쁜지에 관한 문제라면 주관적으로 결정해서는 안 된다. 행복도 남들에게 행복하게 보인다는 것만으로는 아무런 의미가 없다. 실제로 행복을 느껴야만 의미가 있는 것이다.

세상이나 자신에 대한 의미 부여가 바뀌면 세상과 마주하는 법은 물론 행동까지 바뀐다. 어떤 식으로 의미 부여를 바꾸어야 행복해질지, 의미 부여를 바꿈으로써 세상이나 타인과의 관계가 어떻게 바뀔지는 앞으로 차근차근 살펴보기로 하자.

만약 아들러가 말한 것처럼 이런 의미 부여로서의 라이프스타일을 네다섯 살쯤에 선택한다면 '아직 언어 능력이 충분히 발달하지 않은 어린 시절에 선택한 라이프스타일에 스스로 책임을 지라는 것은 부당하다'라는 반론이 있을 수 있다. 아들러는 이에 관해 다음과 같이 말했다.

"자신의 라이프스타일을 '지금' 깨달았다면, '앞으로' 어떻게 할 것인지는 그 라이프스타일을 깨달은 본인의 책임이다."

아들러의 말을 또 하나 인용해보겠다.

"라이프스타일을 고치라고 설득할 수는 있지만, 고치겠다는 결심을 하느냐 마느냐는 개인의 선택이다(『우월과 사회적 관심Superiority and Social Interest』)."

여기에 행복해지기 위한 힌트가 숨어 있다.

제 2 장

행 복 하 게 살아가기 위해 자신과 마주하기

"중요한 것은
무엇이 주어졌느냐가 아니라,
주어진 것을 어떻게 사용하느냐다."

행복과 라이프스타일

...

앞서 말했듯이 사람은 행복이라는 목적을 지향하지만, 그 목적을 달성하는 수단을 선택할 때 잘못을 저지른다. 사람이 행복이라는 목적을 지향하는 것과 라이프스타일은 어떤 관계에 있는지 생각해보자.

행복과 라이프스타일은 동떨어진 것이 아니다. 라이프스타일이 바뀌면 무엇을 행복이라고 볼 것인지도 달라진다. 엄밀히 말하면 무엇이 행복을 가능케 하는 수단이라고 볼 것인지가 달라진다고 할 수 있다.

그래서 무엇을 하면 좋을지, 어떤 선택을 하면 좋을지, 무엇이 자신에게 도움이 되는지 혹은 도움이 되지 않는지 판단할 때의 경향이나 패턴을 라이프스타일이라고도 할 수 있다. 인간은 일반적으로 자신이 처한 상황 혹은 관련을 맺는 사람들이 달라져도, 지금까지와 똑같은 패턴이나 라이프스타일이 자신에게 도움이 되고 그것을 선택하면 행복해질 것이라고 판단한다. 자신이 처한 상황이라는 것은 곧 대인관계를 뜻하고, 그 대인관계 안에서 일정한 행동 패턴이 생겨나며, 그것을 라이프스타일이라고 부른다.

이번 장에서는 라이프스타일과 행복의 관계를 토대로, 어떻게 하면 행복하게 살 수 있는지를 라이프스타일의 면에서 생각해보겠다.

자기 자신이
마음에 드십니까?
…

카운슬링을 받으러 온 사람에게 "자기 자신이 마음에 드십니까?"라고 물으면 거의 예외 없이 "마음에 들지 않습니다"라는 대답이 돌아온다.

지금 사용하는 휴대전화가 마음에 들지 않는다면 최신의 고성능 기종으로 쉽게 바꿀 수 있다. 하지만 자기 자신이 마음에 들지 않는다고 해서 또 다른 자신을 돈으로 살수는 없는 노릇이다. 앞으로 죽을 때까지 대체 불가능한 자기 자신과 부대끼며 살아갈 수밖에 없다. 이처럼 지금의 자신이 마음에 들지 않는다고 해서 휴대전화 바꾸듯 쉽게 바꿀 수가 없다. 그렇다면 우리는 결코 행복해질 수 없는 것일까?

아들러는 "중요한 것은 무엇이 주어졌느냐가 아니라, 주어진 것을 어떻게 사용하느냐다"라고 말했다(『노이로제문제Problems of Neurosis』). 이는 '지금의 자신이 마음에 들지 않아도 참아야 한다'는 의미가 아니다. '지금의 자신을 다른 자신으로 바꿀 수 없다면, 이런 자신에게 이전과는 다른 의미를 부여함으로써 자신을 달라 보이도록 해야 한다'는 뜻이다. 이는 자기 자신을 좋아할 수 있게 만드는 하나의 방법이다.

그런데 여기에서 한 가지 중요한 점을 짚어두고 싶다. 자기 자신을 좋아하지 못하는 것은 사실 자기 자신을 좋아하지 않기로 스스로 결정했기 때문이라는 점이다. '나에게는 이런저런 단점이 있기 때문에 나 자신이 마음에 들지 않는다'가 아니라, '나 자신을 좋아하지 않기로 스스로 결정했기 때문에 이런저런 단점이 눈에 띈다'라고 할 수 있다.

남을 좋아하거나 싫어하는 경우를 생각하면 쉽게 이해할 수 있을 것이다. 그 사람을 어떻게 바라볼지는 사실 스스로 결정하는 일이다. 어떤 사람이 싫은 이유를 말하기는 쉽다. 그 사람의 우유부단함 때문에 싫어할 수도 있다. 그런데 예전에는 그 사람이 친절하고 살가운 사람으로 보여서 좋아했을 수도 있다. 처음에는 꼼꼼하고 착실한 성격이 나중에는 까다롭고 고집스러운 성격으로 비치기도 한다. 또한 대범한 성격이라고 생각했던 사람이 나중에는 무신경한 사람으로 보일 수도 있다.

방금 '그 사람이 무신경한 사람으로 보일 수도 있다'라는 표현을 썼지만, 사실은 '자기 자신이 그 사람을 무신경

한 사람이라고 보기로 결정했다'라고 말하는 편이 진실에 가깝다. 그 사람이 바뀐 것이 아니라 그 사람을 보는 자기 자신의 눈이 바뀐 것이다.

그렇게 보는 눈을 바꾸는 데는 목적이 있다. 아무런 이유도 없이 어느 날 문득 누군가가 이전과는 다르게 보일 리는 없다. 다른 사람을 보는 눈을 바꾸는 궁극적 목적은 그 사람과의 관계를 끝내기 위해서일 수 있다. 그때까지 좋아했던 사람을 갑자기 좋아하지 않기로 결정한 것을 스스로 인정하고 싶지 않은 사람은, 상대방이 변했다고 믿어버리는 것이다. 그래야만 그 사람과의 관계를 끝내겠다고 결심한 자기 자신을 정당화할 수 있기 때문이다.

자기 자신에 대해서도 마찬가지다. 처음부터 자기 자신을 좋아하지 않기로 결심했기 때문에 자신의 장점을 전혀 떠올리지 못하고 단점만 눈에 들어온다. 자기 자신을 좋아하지 않기 위해 장점을 보지 않고 단점만 보려고 하기 때문이다.

그러면 왜 자기 자신을 좋아하지 않기로 결심하는 것일까? 극단적으로 들릴 수 있지만 단적으로 말하면 남들과

관계를 맺지 않기로 결심했기 때문이다.

누군가와 좋은 관계를 맺기 위해 남들과 부대끼다 보면 상대방에게서 미움을 받는 상황도 종종 벌어진다. 그래서 상대방에게서 미움을 받느니 차라리 처음부터 관계를 맺지 않는 게 좋겠다고 생각하는 사람도 나타난다. 그런 사람은 상대방에게서 미움받는 것이 두려운 나머지, 자기 자신이 미움받을 수밖에 없는 이유를 찾아내서 스스로를 정당화한다. 자기 자신의 단점은 얼마든지 찾아낼 수 있다. 자신에게는 이런저런 단점이 있기 때문에 아무도 자신을 인정해주지 않는다고 생각한다. 이런저런 단점이 있기 때문에 좋아하는 사람에게 자신의 심정을 털어놓을 수 없다고 핑계를 댄다.

인정받지 못하거나 사랑을 받지 못하는 것은 괴로운 일이고 그런 자신을 불행하다고 생각하지만, 이는 사실 불행을 스스로 선택했다고 할 수 있다.

라이프스타일이라는 것은 앞에서 살펴봤듯이, 대인관계 속에서 행동하는 패턴이다. 이런 자신이 싫다고 생각해도 막상 라이프스타일을 바꾸려고 하면 두려워진다. 왜냐하면 라이프스타일을 바꾸고 이전까지와는 다른 식으로 행동하려고 결심하면, 다음 순간에 과연 어떤 일이 벌어질지 알 수 없기 때문이다. 그래서 불편하고 부자유스럽더라도 이전까지 고수하던 자신의 라이프스타일을 계속 고집하게 된다.

속으로 호감을 품고 있던 사람이 스쳐 지나가면서 시선을 휙 돌리는 모습을 봤을 때, 무시당했다고 생각하는 사람은 그 사람이 자신과의 관계를 진전시키지 않기 위해 자신을 피한다고 생각한다. 이런 사람은 행복해지는 길을 스스로 막고 있는 것이 아닐까?

다른 사람과의 관계를 어떻게든 회피하려는 사람은 자기 자신을 좋아해서는 안 된다고 결심한 상태이므로, 그런 결심을 뒤집고 행복해지는 일은 간단하지 않다. 지금은 남들에게서 등을 돌리고 있는 상태이기 때문에, 미움을 받는 한이 있더라도 온몸으로 남들과 마주해야 한다. 단점을 장점으로 바꿔보려는 노력만으로는 충분하지 않다. 남들과 관계를 맺지 않겠다는 결심을 뒤집지 않는 한, 지금의 자신이 긍정적으로 보일 수는 없는 노릇이다.

어떻게 하면 자기 자신을
좋아하게 될까?

...

이처럼 자기 자신을 좋아하지 않으면 행복해질 수 없다. 그런데 자기 자신을 좋아하지 않기로 한 결심을 깨려면 어떻게 해야 할까?

첫째, 앞서 제1장에서 살펴봤듯이 라이프스타일을 스스로 선택했다는 사실을 깨달을 필요가 있다. 스스로 결정했기 때문에 스스로 그 결정을 뒤집을 수도 있다. 자기 자신에게는 단점이나 결점이 있고 그것이 원인이 되어 스스로를 좋아할 수 없는 것이 아니라, 자기 자신을 좋아하지 않기로 스스로 결정했기 때문에 단점만 눈에 들어오는 것이다. 이런 결심만 뒤집으면 되기 때문에 그다지 어렵지 않다고 생각할 수도 있다.

둘째, 지금까지의 라이프스타일과는 다른 라이프스타일이 있다는 사실을 깨달을 필요가 있다. 그냥 막연히 자신의 라이프스타일이 마음에 안 든다고 생각하는 데 그치지 않고, 지금 자신과는 다른 라이프스타일을 적극적으로 선택한다면 처음에는 익숙지 않더라도 단순하고 행복하게 살아갈 수 있는 길을 분명히 발견하게 된다.

자신을 측정하는
두 가지 기준
…

사람에게는 자신을 측정하는 기준이 대략적으로 두 가지가 있다. 하나는 '공부'다. 오늘날 공부가 중요하다는 사실을 부정할 수는 없다. 그래서 어렸을 때부터 입시 공부를 강요하는 부모 밑에서 자란 아이는 자신의 성적에 관심을 가질 수밖에 없다.

하지만 초등학교에 들어가기 전에는 성적이라는 기준에 구애받지 않고 지내기 마련이다. 아이들에게는 가장 평화로운 시절이라 할 수 있다. 어른이 되면 공부에서 해방될 것 같지만, 꼭 그렇지만도 않다. 취업하는 데 필요한 자격증 공부를 해야 하는 데다, 취업한 후에도 업무 능력에 따라 자신을 평가하기 때문이다.

자신을 측정하는 또 하나의 기준은 '인맥과 사교성'이다. 많은 친구를 쉽게 만들면 붙임성 있고 밝은 성격이라고 평가받는다. '밝다'의 반대말은 '어둡다'인데, 일반적으로 밝은 성격이 어두운 성격보다 좋은 성격이라고 여겨진다.

이 두 가지 기준 가운데 어느 한쪽에 자신감이 있다면 괜찮다고 생각할 수도 있지만, 이 또한 말처럼 쉬운 일이 아니다.

친구가 많지 않고 결코 밝은 성격도 아니지만 공부만큼은 잘한다면, 괜찮다고 생각할 수도 있다. 하지만 학교 공부가 점점 어려워져서 사교적인 면뿐 아니라 공부 면에서도 다른 사람보다 뒤떨어지기 시작하면 곧바로 괴로움을 느끼게 된다.

한편 이와 반대로 공부는 못하지만 친구가 많다면, 괜찮다고 생각할 수도 있다. 하지만 친구는 때에 따라 배신하기도 하고 어느 날 갑자기 떠날 수도 있다.

다음 장에서 살펴보겠지만, 친구와 사귀는 데도 노력이 필요하며 성격이 밝다고 해서 꼭 주변에 친구들이 모여든다는 보장도 없다.

지금까지의 자기 자신을
다른 방식으로 바라본다
...

라이프스타일을 바꾼다고 해도 지금까지 소극적이었던 사람이 하룻밤 사이에 활달하고 밝은 사람이 되기란 사실상 불가능하다.

그러나 자신의 성격을 어둡다고 생각하는 사람이라도 자신을 바라보는 방식을 바꾸는 것은 가능하다. 초등학생 시절에 나는 남에게서 심한 말을 듣고 속상했던 일이 가끔 있었는데, 적어도 나 자신은 고의로 남들에게 상처 주는 말을 내뱉은 적이 한 번도 없었다. 내가 심한 말을 듣고 속상한 감정을 느꼈기 때문에 어떤 말이 남에게 상처를 주는지 잘 알고 있었던 것이다.

주변의 '밝은' 사람들은 아무렇지도 않게 별생각도 없이 남에게 상처 주는 말을 하지만, 나는 언제나 남의 기분을 헤아리고 신경 쓰며 내 말이 상대방에게 어떻게 받아들여질지를 늘 걱정했다.

그렇다면 나는 '어두운 성격'이 아니라, '남을 배려하는 성격'이라고 할 수 있지 않을까? 스스로를 좋게 이야기하는 것이 약간 낯간지럽기도 하지만, 카운슬링을 하면서 예전의 나와 같은 '어두운 성격'인 사람들을 만나면 이 이야기를 꼭 들려준다.

물론 어두운 성격이 더 좋다고 말하려는 의도는 아니다. 다만 어두운 성격 때문에 주변에서 부정적인 시선을 받으면, 자기 자신을 부정적인 사람이라고 여겨서 스스로를 좋아할 수 없게 돼버리기도 한다. 그렇다면 성격까지는 바꾸지 못하더라도 어두운 성격을 바라보는 방식만큼은 바꾸는 편이 좋지 않을까?

스스로도 자기 자신을 좋아하지 못하는데, 남들이 자기 자신을 좋아해줄 리는 만무하다. 물론 스스로는 자기 자신을 좋아한다고 해서, 남들까지 그런 자신을 좋아해줄 것이라는 보장도 없다. 하지만 적어도 자기 자신을 좋아하게 된다면, 남들도 그런 자신을 좋아하게 될 가능성은 분명 높아진다. 자기 자신을 좋아하지 않고서는 대인관계 속으로 비집고 들어가 본들 남들과의 교제를 진전시킬 수 없을 것이다.

남들의 평가에
구애받지 않는다

...

자신을 좋아하지 않는 사람 혹은 자신과는 아무런 상관이 없는 사람의 말이라도 전혀 의식하지 않고 지내기는 어렵다. 인간은 원래 남들의 평가에 연연하는 동물이기 때문이다. 그런데 어찌 생각하면 남들에게서 좋은 말을 들었을 때 기쁘고, 나쁜 말을 들었을 때 슬프거나 화가 나는 것은 이상한 일이다. 사람의 가치는 남들의 평가에 의존하지 않기 때문이다. 나쁜 사람이라는 말을 들었다고 해서 나쁜 사람이 되는 것도 아니고, 반대로 좋은 사람이라는 말을 들었다고 해서 좋은 사람이 되는 것도 아니다.

남들의 평가에 연연하는 것은 남들의 편견에 자기 자신을 끼워 맞추려는 행위다. 이는 자신이 살고 싶은 삶을 내팽개치고 남들의 기대에 맞춰 살아가려는 것과 다를 것이 없다. 게다가 한 사람이 아니라 여러 사람의 기대에 무리하게 맞추려다 보면 당연히 탈이 날 수밖에 없다. 끊임없이 남들의 눈치를 보며 살아야 하는 삶은 불행의 연속일 뿐이다.

또한 이렇게 무리하면서까지 남들이 자신을 어떻게 생각하는지 신경 쓰며 그들의 시선에만 맞추려다 보면 결국 서로 간에 불신만 쌓이게 된다. 받아들이기 힘든 생각을 갖고 있는 사람이나 싫어하는 사람에게까지 거짓된 웃음으로 대한다면 언젠가는 속마음이 들통 나기 마련이다.

지금 이대로의 모습으로
상대방과 마주한다
…

자신을 실제보다 더 좋게 꾸미려 해서는 안 된다. 자신을 잘 보이려고 노력하지 않아도 지금 당신을 있는 그대로 받아들여 주는 사람은 분명히 존재하기 때문이다. 남들의 평가를 두려워한다면, 당신을 있는 그대로 받아들여주는 사람이 존재한다는 사실을 믿기 힘들 것이다. 또한 아무도 자신을 정당하게 인정해주지 않는다며 주변 사람에게 악감정을 품을 수도 있다.

지금의 자신과는 다른 사람이 되기 위해 노력하는 것은 중요하며 꼭 필요한 일이기도 하다. 하지만 그런 노력이 남들의 평가를 두려워해서 그들의 기대에 맞추기 위한 것이라면, 자기 자신을 바꾸기 위해 노력하는 와중에 자신의 진정한 본모습마저 잃어버리고 말 것이다.

'자신을 위해 자신의 인생을 살아가지 못한다면, 대체 누가 자신을 위해 살아갈 수 있는가?'라는 유대교의 격언이 있다. 인생의 주인공은 나 자신이다. 결코 다른 사람의 인생 무대에 서는 조연 배우가 아니다. 남들의 평가를 두려워하고 그 평가에 맞추려는 행동은 자신의 인생을 살아가는 주인공에게 걸맞지 않다.

자신을 새로운 시선으로 바라본다

...

아마도 대부분의 사람들은 어렸을 때 부모에게서 좋은 말만 들으며 자라지는 않았을 것이다. 왜냐하면 아이의 장점보다는 아이의 단점이나 문제 행동이 쉽게 눈에 들어오기 때문이다. 자식 문제로 상담하러 오는 부모는 아이의 단점과 결점에 관해서는 얼마든지 이야기하지만, 아이의 장점에 관해 물어보면 그때까지와는 다르게 말문이 막혀버리기 일쑤다.

그런 부모 밑에서 자라는 아이도 자신의 단점에 관해서는 얼마든지 말할 수 있지만, 자신의 장점은 좀처럼 떠올리지 못한다. 이는 부모의 영향도 있겠지만, 자신의 장점을 스스로 말하는 것이 일반적으로 잘난 체하고 으스대는 행동으로 여겨져서 남들 앞에서 자신을 내세우기가 꺼려지기 때문이기도 하다.

어느 날 내 친구가 "나는 머리도 똑똑하고 말주변도 좋아"라고 말해서 나는 깜짝 놀랐다. 내 친구의 뻔뻔함에 깜짝 놀란 것이 아니라, 그런 식으로 아무렇지도 않게 자신의 장점을 스스로 이야기해도 괜찮구나 싶어서 깜짝 놀란 것이다. 이처럼 스스로 자신을 높이 평가하는 것은 특별히 꺼릴 일이 아니다. 남들이 자신을 그렇게 생각하지 않더라도 상관없다.

예를 들어 앞에서 살펴봤듯이, 자신을 '어두운 성격'이 아니라 '남을 배려하는 성격'이라고 볼 수도 있다. 또 책을 읽기 위해 펼쳤다가 이내 덮어버리는 사람은 '끈기 없는 사람'이 아니다. 그 책이 지금의 자신에게 필요하지 않다고 판단되면 과감히 책을 덮어버릴 용기가 있어야만 쓸데없는 책을 읽느라 낭비되는 시간을 줄일 수 있다. 그러므로 주변 사람에게는 '끈기 없는 사람'으로 보일지라도, 스스로는 '결단력 있는 사람'으로 여겨도 괜찮다. 또한 자신을 겁쟁이라고 생각하는 사람은 사실 '겁쟁이'가 아니라, '신중한 성격'이라고 볼 수도 있다. 그리고 자신을 집중력 없는 사람이라고 생각한다면 사실 '집중력 없는 사람'이 아니라, '동시에 여러 가지 일을 수행할 수 있는 사람'이라고 여겨도 좋다.

한번은 내가 고등학생일 때 나에게 친구가 거의 없다는 사실을 걱정하던 어머니가 담임선생님께 상담을 요청한 적이 있다. 선생님은 "자녀분은 친구가 필요 없어서 굳이 친구를 사귀려고 하지 않는 것입니다"라고 말씀하셨다. 그 말을 들은 어머니는 크게 안도했고, 그 이야기를 전해

들은 나도 '아, 친구가 거의 없다는 사실을 그렇게도 생각할 수 있구나!' 하며 감탄했다. 선생님은 '학생에게 친구가 거의 없다는 사실'을 선생님만의 새로운 시선으로 바라보았던 것이다.

역시 고등학생 시절에 나는 키가 작아서 고민이었다. 친구에게 그런 고민을 털어놓으니 친구는 그저 "흥, 그게 뭐?" 하며 웃어넘겼다. 만일 그때 "그것참 고민이 되겠구나" 하는 위로의 말을 들었다면 나는 그때까지 키 때문에 괴로웠던 사연을 구구절절 털어놓아야 했을 것이다.

그러나 친구의 대응은 그렇지 않았다. 내 마음을 이해해주지 못한다고 느끼긴 했지만, 잘 생각해보면 겉모습은 인간으로서의 가치를 조금도 손상시키지 않았다. 그때 내가 깨달은 것은 작은 키를 문제시함으로써 남들과의 관계를 피하려고 했다는 사실이다.

친구는 나의 푸념을 그런 식으로 시큰둥하게 넘겼지만, 그와 동시에 이렇게도 말했다.

"너는 사람을 편안하게 해주는 능력이 있어."

물론 이는 겉모습이 아닌 나의 인품에 관한 이야기였고,

내가 스스로 생각해봐도 나는 남들에게 스트레스를 줬던 적이 별로 없었다는 느낌이 들었다. 이 친구의 말을 듣고 '나도 완전히 쓸모없는 인간은 아니구나' 하는 생각을 하게 되었다. 이런 식으로 나를 색다른 시선으로 봐주니, 신기하게도 작은 키가 무슨 대수인가 싶었다.

자기 자신에 관해 부정적인 견해를 품는 이유는 남들과 적극적으로 대인관계를 맺지 않으려 들기 때문이다. 자신을 바라보는 시선을 바꿈으로써 자신의 가치를 새로이 발견하는 것은 대인관계에 대한 두려움을 극복하는 데 필요한 일이다.

속성 부여를 받아들일 필요는 없다

…

부모는 자식에게 줄곧 단점만 지적하지 않는다. 나도 어렸을 적에 할아버지로부터 "너는 똑똑한 아이야"라는 말을 자주 들었다. 이런 말을 듣고 기분 나빠할 이유는 없지만, 문제는 부모가 자식에게 '너는 이런 아이야' 하고 자식의 성질을 결정지어버릴 때(정신과 의사 랭Ronald David Laing은 이를 가리켜 '속성 부여'라고 칭했다. Laing, R. D. 『Self and Others』), 그것은 사실상 '명령'이 되어버린다는 사실이다. "넌 착한 아이야"라고 말할 때, 이 말은 '너는 착한 아이가 되어야 해'라는 명령인 셈이다.

부모에게서 받는 사실상의 명령을 명령인 줄도 모르고 따르는 아이도 있지만, 부모의 기대에 따를 필요가 없다고 생각하는 아이도 있다.

나의 경우에는 "너는 똑똑한 아이야"라는 할아버지의 속성 부여에 부응할 수 없었다. 어쩌면 '부응할 수 없다고 믿었다'고 말하는 편이 더 정확할 것이다.

할아버지는 내가 아직 초등학교에 입학하기도 전에 "너는 꼭 교토대학교에 들어가야 한다" 하고 늘 말씀하셨다. 물론 어렸던 나는 교토대학교에 들어간다는 게 무슨 의미인지도 잘 몰랐지만, 초등학교에 입학해서 처음 성적표를 받고 산수 과목에서 '미'를 발견했을 때, '아, 이래서는 교토대학교에 들어가지 못하겠는걸' 하며 씁쓸해했던 기억이 생생하다. 나는 내가 공부를 못한다는 믿음에서 벗어나기까지 꽤 오랜 시간이 걸렸다.

부모를 비롯한 제3자로부터 듣는 속성 부여를 곧이곧대로 받아들일 필요는 없다. 오히려 다른 누군가가 무슨 말을 하든 자신과는 상관없다고 여겨도 괜찮다. 남들의 기대에 맞추거나 그 기대를 충족시키기 위해 살아갈 수는 없는 노릇이기 때문이다.

예를 들어 애인과 결혼하고 싶어하는데 부모가 반대하는 경우를 생각해보자. 부모는 "네가 그 애랑 결혼할 줄은 몰랐다"라고 말하면서 자녀에게 원하는 행동을 은근슬쩍 강요한다.

이때 나는 부모의 기대를 억지로 충족시킬 필요가 없고, 부모가 부여하려는 속성을 거절해도 괜찮다고 생각한다. 물론 부모는 슬픈 한숨을 내쉬겠지만, 그 감정은 부모로서 어쩔 수 없이 감당해야 할 몫일 뿐, 자녀는 슬퍼하는 부모를 위해 할 수 있는 일이 아무것도 없다.

하지만 부모에게 슬픔을 주지 않기 위해 부모의 말에 따라 애인과의 결혼을 포기하는 사람도 있다. 이런 사람은

자신을 실제보다 더 좋게 꾸미려 해서는 안 된다.
지금 당신을 있는 그대로 받아들여 주는 사람은
분명히 존재하기 때문이다.

부모의 말이라면 무엇이든 잘 따르는 '착한 아이'라는 속성 부여를 곧이곧대로 받아들였다고 할 수 있다.

그러나 이처럼 부모의 의향에 따라 자신이 원하는 결혼을 단념하거나 부모가 정해주는 사람과 결혼하기로 결정을 바꾼다면 장래에 반드시 후회하게 된다. 그럼에도 자신이 원하는 바를 철회하면서까지 부모의 말을 따르겠다는 결심을 한다면, 그런 행동에는 일정한 목적이 있을 것이다. 그 목적은 스스로 결정함으로써 발생하는 책임을 회피하고, 부모의 생각에 따름으로써 행여 앞으로 인생이 잘 풀리지 않았을 때 그 책임을 부모에게 전가하기 위해서일 수 있다.

물론 부모를 비롯한 제3자의 말에 따르지 않고 본인의 의지대로 자유롭게 산다면 다른 사람의 미움을 사게 되고, 크고 작은 마찰이 생길지도 모른다. 하지만 미움을 받는다는 것은 자유롭게 살기 위해 치러야 할 대가다. 반대로 말해 누군가가 자신을 미워한다면 그것은 자신이 자유롭게 살고 있는 증거라고 할 수 있다.

미움을 받을 수도
있다

...

나에게 카운슬링을 받으러 온 사람 중에 과식증에 걸린 여대생이 있었다. 그녀는 1년 전에 열흘 동안이나 학교에 가지 않았던 일을 떠올리면 지금도 마음이 아프다고 말했다. 나는 학생이 학교를 열흘이나 빠져야만 했던 이유가 궁금해졌다. 사정을 들어보니 그녀는 1년 전에 휴학을 하고 싶었다고 한다. 하지만 어머니가 매우 엄격한 사람이어서 딸이 학교에 가지 않고 집에서 빈둥대는 것을 용납하지 않았다. 그녀는 엄격한 어머니에게 반항하고 싶어서인지 학교를 무단결석하기로 마음먹었다. 매일같이 하릴없이 집을 나와 가까운 공원이나 카페를 돌아다니다가 저녁 즈음에 쫄쫄 굶은 채로 집으로 돌아갔고, 이런 행동을 열흘 동안이나 지속했다.

그녀는 감히 휴학까지는 하지 못했지만, 이럴 때일수록 더 강하게 자신의 의사를 주장해야 한다고 생각했다. 나는 그녀가 과식증에 걸린 이유도 자신의 몸무게만큼은 어머니 마음대로 하게 내버려두지 않겠다는 의사 표명이라고 생각한다.

과식증 같은 신경증에는 그 증상이 향하는 '상대방'이 있다. 이 여대생의 경우에는 엄격한 어머니가 그 상대방이었다. 증상을 발현하면서 상대방인 어머니로부터 어떤 응답을 이끌어내려는 의도였다.

그녀는 과식증으로 자신의 몸을 망가뜨리지 말고, 어머니에게 '휴학을 하고 싶다'라고 솔직히 말하는 편이 훨씬 좋았을 것이다. 이처럼 '착한 아이가 되라'는 부모의 기대 혹은 명령에 부응하지 않는 편이 낫다고 생각한다.

마음속의 목소리

...

그녀가 어느 날 머리카락을 새빨갛게 염색했다. 나는 당황스러워서 "어머니도 분명히 놀라 자빠지셨겠네요"라고 말했다.

"네, 어머니는 제 머리카락이 보기 싫으니까 집에서는

머리에 수건을 두르고 지내라고 하셨어요."

"그래서 어떻게 했어요?"

"처음에는 어머니 말씀대로 수건을 두르고 지냈어요."

"그 이후로는요?"

"사흘 뒤에 왜 내가 이렇게까지 해야 하나 싶은 생각이 들어서 수건을 풀어버렸어요. 그런데 어머니는 아무런 말씀도 안 하셨어요."

'부모를 실망시키지 않는 착한 아이가 되어야 한다'라는 목소리는 분명히 처음에는 실제로 부모가 입 밖으로 내는 목소리였지만, 어느샌가 그 목소리는 아이의 마음속에 둥지를 틀게 된다.

아이 스스로가 부모의 기대를 거역하지 않는 착한 아이가 되고자 하는 것은 처음에는 부모의 요청에 부응하려는 행동이었겠지만, 어느샌가 '착한 아이가 되어야 한다'는 내적 규범으로 변해 자신을 옭아맨다.

부모는 자녀가 부모의 기대를 저버리는 행동을 하면 아이가 반항한다고 생각하기 십상이지만, 그것은 '반항'이 아니라 '주장'이다. 젊은 사람은 주장하는 방법을 잘 모른다.

어른의 입장에서는 문제 행동으로밖에 보이지 않는 일을 저지르거나, 신경질적으로 반응하거나, 자학하는 것 말고는 자신의 생각을 주장하는 방법을 모른다.

'사회'라는 압력
...

'이런 사람이 되어야 한다'라는 명령은 사실 부모뿐 아니라 '사회'나 '세상'으로부터도 받는다. 특히 젊은 사람은 사회라는 커다란 벽 앞에서 무언의 압력에 시달리며 어찌할 줄 모른다.

어느 날 내가 신칸센을 타고 가던 중에 옆에 앉은 한 청년이 말을 걸어왔다.

"어른들은 제게 사회에 적응하라고 말하는데요, 그건 저한테 죽으라는 거나 마찬가지예요. 어떻게 하면 좋을까요?"

사람은 홀로 살아가는 게 아니라 사회 속에서 살아가기 때문에, 어느 정도의 제약을 받아들이는 것은 어쩔 수 없는 부분이라고 할 수 있다.

과거에는 '개인은 사회를 위해 존재한다'고 여겼던 시절도 있었다. 그리스신화에 등장하는 도적盜賊인 프로크루스테스Procrustes는 납치해온 나그네를 자신의 침대에 눕혀서 만약 나그네의 키가 침대보다 짧으면 침대 길이에 맞게 몸을 늘려서 죽였고, 나그네의 키가 침대보다 길면 침대에서 삐져나온 신체 부분을 잘라서 죽였다고 한다. 이는 자신이 정한 틀에 남을 억지로 끼워 맞추려는 아집을 비유하는 데 자주 인용되는 이야기다.

하지만 오늘날에는 '개인은 사회를 위해 존재한다'는 생각에 찬성하는 사람도 적어졌고, 다른 의견을 갖고 있는 사람들도 많다. 아들러도 개인을 사회라는 '침대'에 억지로 눕히려는 것에 반대했다.

물론 그 청년처럼 사회에 적응하는 것을 무리한 강요라고 느끼는 사람도 적지 않다. 무리한 강요라고 느끼는 것은 타인의 인생이 아니라 자기 자신의 인생을 살아가는 한 피할 수 없는 일일지도 모른다. 하지만 사회가 내뿜는 무언의 압력에 의해 지금 자신이 진정으로 하고 싶어하는 일을 하지 못하는 것은 아닌지 되돌아볼 가치는 있다.

"제가 하고 싶은 일을 해도 괜찮을까요?"라는 질문을 받는다면 나는 "괜찮은지 아닌지는 모르겠지만 자기 인생이니까 남이 상관할 바 아닙니다"라고 대답할 것이다. 남의 기대를 충족시키기 위해 살아가서는 안 된다고 보기 때문이다.

남이 부당하게 자신의 인생에 간섭한다면 거부할 줄 알아야 한다. 그것이 부모의 기대라고 하더라도 마찬가지다. 내가 고등학교에서 교사로 근무할 때, 한 제자가 자신의 진로를 마음대로 결정하려는 아버지에게 "제 인생이니까 제가 결정하게 해주세요"라고 당당히 말하던 모습을 나는 아직까지도 생생히 기억한다.

지금 이대로의
당신이 좋다
...

지금까지의 내용을 바탕으로 여기에서는 두 가지 관점에 대해 생각해보고자 한다.

첫째, 지금 이대로의 자기 모습을 지키겠다고 결심한다는 것은 '아무것도 하지 않아도 좋다'는 의미가 아니라는 점이다. 있는 그대로의 자신을 지킨다는 것은 어디까지나 남들의 평가에 일희일비하지 않고 남의 시선에서 자유로워지기 위해 노력한다는 뜻이다.

부모가 됐든, 사회가 됐든 제3자가 자신에게 넌지시 강요하는 기대 혹은 명령을 거부하려면 용기가 필요하다. 그리고 이처럼 용기를 내어 타인의 기대에 부응하지 않는다고 결심하면 진정으로 자유로워질 수 있다.

또한 남들의 시선을 신경 쓰며 자신을 실제 이상으로 잘 보이려고 할 필요도 없다. 이는 있는 그대로의 현실 속 자신을 보여주겠다는 결심이기 때문에 당연히 그에 따른 용기가 필요하다. 남들의 시선을 전혀 신경 쓰지 않고, 있는 그대로의 자신을 보여주겠다고 결심하는 순간 주변의 모든 것이 완전히 달라진다.

어쩌면 남들은 자신에게 아무런 기대를 하지 않는지도 모른다. 횡단보도를 건널 때 자동차에 탄 운전자가 자신을 힐끔힐끔 쳐다보는 것이 싫다고 하는 사람이 있다. 그런데 자동차에 탄 운전자는 횡단보도 앞에 선 보행자를 당연히 살펴야 하며, 결코 불순한 목적을 갖고 곁눈질하는 것이 아니다. 신호가 바뀌고 운전자가 교차로를 빠져나가면 횡단보도 앞에 섰던 사람은 운전자의 기억 속에서 완전히 사라질 것이다. 일상적인 대인관계 속에서도 모든 주변 사람들이 자신을 힐끔힐끔 곁눈질하는 것처럼 보이겠지만, 그들이 '모두' 자신에게 무언가를 기대하고 있다는 생각은 지나친 상상에 불과하다.

그러므로 남들의 시선을 신경 쓰면서 자신을 실제 이상으로 잘 보일 필요가 없다. 공부나 업무에 관해서도 실제로 필요한 사항을 잘 배웠는지가 중요하지, 남들에게 어떻게 비칠지가 중요한 게 아니다. 공부나 업무를 잘한다는 이미지가 앞서면 남들의 기대가 커지고, 그 기대에 부응하기가 더욱 힘들어질 뿐이다.

시험 성적이 떨어지면 남들의 따가운 시선을 받기가 싫어서 어떤 수단을 동원해서라도 좋은 성적을 내겠다고 다짐하는 긍정적인 사람도 있겠지만, 반대로 남들의 따가운 시선을 받지 않기 위해서 애초에 아무런 성적도 나오지 않도록 아예 시험 자체를 포기하는 사람도 있다. 이보다 한심한 일이 세상에 또 있을까?

정말 이대로가
좋은가?
…

둘째, 개인은 사회를 위해 존재하는 것이 아니기 때문에 사회에 적응할 필요가 없다고 말하고 싶지만, 사실 사람은 아들러의 말마따나 사회적 혹은 대인관계적인 상황에서만 개인으로 있을 수 있기 때문에(『삶의 과학The Science of Living』) 애초에 남들과의 관계를 떠나서 살 수는 없다.

이번 장에서 논의했던 라이프스타일도 만약 우리가 홀로 살아간다면 필요 없는 개념이다. 언어 역시 사람이 사회적으로 살아가기 때문에 필요한 도구다. 자신의 생각이나 감정 또는 하고 싶은 일이나 하고 싶지 않은 일을 다른 사람에게 전달하기 위해서 언어가 필요한 셈이다. 라이프스타일도 선천적으로 변화하지 않는 존재가 아니라, 누구를 대하느냐에 따라 미묘하게 바뀌며 경우에 따라서는 180도 달라진다.

이번 장에서는 행복하게 살기 위해 자신과 마주하는 법을 생각하면서 일반적으로 '성격'이라고 불리는 라이프스타일에 관해 고찰해보았다. 라이프스타일이 타고난 것이 아니라 대인관계 속에서 달라지는 것이라면, 내면적인 이야기에 그쳐서는 안 된다. 행복해지기 위해선 남들의 평가에 좌우되지 않을 필요가 있다. 높은 평가를 받든 낮은 평가를 받든 자신이 어떤 식으로 살고 어떻게 행동하는지는 남들과의 관계 속에서 결정되므로, 앞서 생각해본 것과는 다른 의미로 지금 이대로 있는 것이 좋지 않을 수도 있다.

소속감은
기본적인 욕구
...

우리의 가장 기본적인 욕구는 소속감이다. 소속감은 자신이 사회, 직장, 학교, 가정 등 어떤 공동체에 소속되어 있다는 감각, '자신이 여기에 있어도 괜찮다'는 감각이다.

이 소속감을 얻는 것이 인간의 행동 목적이라고도 할 수 있다. 그래서 '여기에 있어도 괜찮다'고 생각하기 위해 굳이 자신을 드러내지 않고, 남들의 말이 약간 이상하게 생각되더라도 침묵을 지키는 사람도 있다. 반면 자신이 소속되고 싶은 공동체 안에서 문제 행동을 하면서 주목을 받는 방식으로 소속감을 얻으려는 사람도 있다.

아들러는 소속감이 단순히 그곳에 속하는 것뿐 아니라, 적극적으로 공동체와 관련을 맺음으로써 얻어진다고 생각했다. 자신에게 만족스러운 소속감을 얻기 위해서는 대체 어떻게 해야 좋을까? 이 문제는 '어떻게 해야 자기 자신을 좋아할 수 있는가?' 하는 문제와 관련이 깊다.

자신을 바라보는
새로운 시선
...

아들러는 "자신에게 가치가 있다고 생각할 때만 용기를

얼을 수 있다"라고 말했다(Stone, Mark and Drescher, Karen, eds., 『Adler Speaks』). 여기에서 말하는 용기란 대인관계와 마주하는 용기다.

그러나 반대로 자신을 미워하는 사람은 대인관계를 피하기 위해 자신에게는 가치가 없다고 생각하고, 따라서 자신을 좋아하지 않기로 결심한다.

그러므로 자신에게 가치가 있다고 생각하게 만드는 작용과 대인관계에 뛰어들겠다는 결심은 깊은 관련이 있다. 무작정 용기를 가지라고 하는 근성론적인 주장은 받아들이기 힘들다.

있는 그대로가 좋다는 것은 앞에서 살펴봤듯이 자신을 실제보다 과장하거나 남의 기대에 맞춰 살아가는 것을 거부한다는 의미다. 남에게 맞춰 살아가는 것이 어쩌면 커다란 변화를 가져다줄 수도 있겠지만, 그보다는 있는 그대로의 자신이 진정한 자신이라는 사실을 깨닫고, 그런 자신에서부터 출발할 필요가 있다. 있는 그대로의 진정한 자신을 찾는 일은 도달점이 아니라 출발점이다.

자신의 가치는
남에게 공헌함으로써 얻을 수 있다
...

앞에서 자기 자신을 좋아하려면 단점을 장점으로 봐야한다고 제안했다. 이는 자신을 새로운 시선으로 바라보는 방법인데, 이보다 더욱 적극적인 방법도 있다. 어떨 때 자기 자신이 좋아지는지 생각해보자. 그것은 아마 자신이 아무짝에도 쓸모없는 존재가 아니라 누군가에게 도움이 된다고 느낄 때가 아닐까 싶다.

반대로 자신이 싫어지는 때는 자신이 누군가에게 도움이 되기는커녕 남을 방해하게 될 때, 혹은 자신만 없으면 남들이 모두 즐겁고 사이좋게 살아갈 수 있다고 느낄 때다.

그러므로 사람들은 어떻게든 자신이 남에게 도움이 된다고 느낄 만한 일을 찾으려고 한다. 자신이 어떤 형태로든 남에게 공헌한다고 느끼면 자신에게 가치가 있다고 생각할 수 있고, 스스로를 좋아할 수 있게 된다.

앞서 소속감에 관해 살펴보았는데, 소속감은 자신이 속한 공동체나 주변 사람으로부터 얻는 것이 아니라, 남에게 공헌함으로써 자신이 '이곳에 있어도 괜찮다'는 입지를 느끼는 것이다.

남에게 무언가를 주거나 공헌하려면 자신보다 남을 더 우선시해야 한다고 생각하는 사람도 있지만, 나는 자기희생을 그다지 권할 생각은 없다.

물론 사회를 위해 자신을 뒷전으로 미루고 자기희생을 하는 사람도 분명히 있다. 하지만 남에게 무언가를 주거나 공헌할 때 자신을 뒷전으로 미루고 자기희생을 한다고 생각하기보다 남을 위해 행동하는 일 자체가 자신에게 기쁨이라고 생각하는 편이 좋다. 자기희생을 하는 것만이 남에게 공헌하는 일이라고 말하는 사람은 남을 위해 행동해본 적이 전혀 없는 사람이 아닐까 싶다.

남을 위하는 일이 꼭 대단한 행동일 필요는 없다. 예를 들어, 가족이 저녁 식사 후에 소파에 앉아 텔레비전을 보면서 느긋하게 쉬고 있을 때 자기 혼자서 설거지를 하고 있다면 어떤 느낌일지 상상해보자. 자기가 설거지를 하는 덕분에 가족이 느긋하게 쉴 수 있는 것이라고 생각하면 뿌듯함을 느끼지 않을까? 내가 말하는 공헌이란 이처럼 특별한 행동이 아니라, 일상 속의 사소한 일들이다. 이는 당연히 봉사나 의무와도 거리가 멀다.

왜냐하면 그것은 강요된 일이라거나 억지로 해야 하는 일이 아니라, 자발적인 행위이며 그 행위에 의해 무언가를 기대하는 것도 아니기 때문이다.

남들이 느긋하게 쉬고 있을 때 자신만 쉬지 않고 집안일을 하는 것에 고통이나 불만을 느끼거나 부당하다고 생각하는 사람도 분명히 있을 것이다. 그런 사람은 자기만 손해 본다고 생각하기 때문에 그 생각이 태도에 반영되어, 모처럼 남들에게 호의를 베풀어도 기쁨을 느낄 수 없고 남들도 부담스럽게 받아들인다.

하지만 자신이 식사 후에 뒷정리를 함으로써 다른 가족에게 느긋하게 쉴 수 있는 시간을 제공해준다고 생각한다면 자신이 가족에게 도움이 된다고 느끼게 되고, 그런 자신이 스스로도 뿌듯해질 것이다. 흥얼거리는 콧노래와 함께 가족에게 공헌하고 있다는 느낌을 만끽하면서 흔쾌히 집안일을 하다 보면, 다른 가족도 기꺼이 당신을 도와주려고 할지도 모른다.

공헌은 자기 완결적

...

하지만 남을 위하는 행동 자체로 뿌듯함을 느끼는 사람은 생각보다 많지 않다. 남에게 자발적으로 도움을 주려는 사람보다, 칭찬받고 싶다는 마음으로 도움을 주려는 사람이 많다. 이는 어렸을 때부터 받아온 상벌 교육 때문이 아닐까 싶다. 특히, 어렸을 때부터 과한 칭찬을 받으며 자란 영향이 크다고 생각한다. 그 결과 '내가 이만큼 해줬으니 그만한 대가를 받아야지' 하고 생각하는 사람이 늘어난 듯하다. 칭찬의 말을 기대하면서 남을 도와준다는 것은 왠지 부자연스러운 느낌을 떨칠 수 없다.

남들에게서 칭찬을 받으면 분명히 기쁘다. 그래서 남들에게서 칭찬의 말을 원하는 기분은 충분히 이해한다. 그러나 자기 자신을 있는 그대로 받아들이고 좋아하게 만들기 위해서는 남들의 칭찬이 반드시 필요하지는 않다.

고맙다는 말을 듣거나 칭찬을 받고 싶다는 생각으로 행동을 했을 때 남들이 알아주지 않는 경우도 있다. 남들이 알아준다면 기쁘겠지만, 알아주지 않는다고 해도 어쩔 수 없는 일이다.

우리도 남들의 모든 행동을 알아차리고 고맙다는 말을 해주지는 못한다. 그런데 자신이 한 행동을 알아차려 주지 않는 사람이 있다고 해서 뜬금없이 화를 내거나, 두 번 다시 다른 사람을 위해 무언가를 해주지 않겠다고 마음먹는다면 그것이야말로 이상한 일이다.

남들에게서 칭찬받기를 기대하지 않는 사람의 행위는 그 자체로 완결된다. 그 행위로 남들에게서 고맙다는 말을 들어도 그만, 안 들어도 그만이다. 남들이 알아주거나 고맙다는 말을 해주지 않아도 그 행위 자체에 가치와 의미가 있다고 할 수 있다.

자신이 한 행동에 대가나 감사를 기대하는 사람이 있는 한편, 아무도 지켜봐 주거나 알아주지 않더라도 기쁨을 느끼는 사람도 분명히 존재한다. 하지만 이 점을 이해하기 어려워하는 사람이 훨씬 많은 것도 사실이다. 이 점을 이해하지 못하는 사람들이 남들에게 도움을 줄 때의 뿌듯함을 상상하는 것은 한겨울에 삼복더위를 상상하거나 한여름에 엄동설한을 상상하는 것만큼이나 힘든 일이다.

남들의 각별한 관심이 없더라도 남들에게 공헌하고 있다고 스스로 느낀다면 소속감은 덤으로 얻을 수 있게 되고, 소속감으로 충만한 자기 자신도 좋아지게 된다.

남들에게서 고맙다는 말을 기대하지 않고, 또한 남들에게 도움을 준다는 의식조차 품지 않은 상태에서 자신이 하고 싶은 행동을 할 뿐인데도 결과적으로 남들에게 도움이 되는 경우로 이어진다면 바람직하다. 굳이 남들에게 인정받기를 원하면서 도움을 주는 행위는 단순한 자기만족에 지나지 않는다.

예를 들어, 갑작스럽게 다쳐서 입원한 친구가 있다면 병문안을 하러 한걸음에 병원으로 달려갈 것이다. 딱히 그 친구를 위해서가 아니라 그저 친구가 걱정되어서 견딜 수 없기 때문이다. 이는 자신의 걱정스러운 마음에 달려간 것이지만 결과적으로 친구에게 기쁨을 줄 수 있다. 그런데 별달리 할 일이 없다는 이유로 시간도 때울 겸 병문안을 간다면 친구는 별로 기뻐하지 않을 것이다.

남의 부탁이 아닌 자발적으로 나서서 도움을 주기란 쉽지 않다. 자신이 하고 싶은 일이나 해야 할 일을 뒤로 미루려고 하지 않기 때문이다. 하지만 꼭 자발적이 아니더라도, 어느 날 갑작스럽게 도와달라는 부탁을 받고서 흔쾌히 "좋아" 하고 받아들였을 때의 뿌듯함은 이루 말할 수 없다. 남에게 무언가를 기대하지 않아도 자신이 남에게 도움이 된다고 느끼는 것만으로도 자기 자신을 좋아할 수 있는 힘이 된다.

특별한 일이 아니더라도

...

여기에서 조심해야 할 점이 두 가지 있다.

첫째, 방금 남들의 관심이나 인정은 필요 없다고 말했는데, 이는 다른 사람 혹은 더 넓혀서 사회와의 연결 고리가 필요 없다는 뜻은 아니다. 굳이 인정을 바라지 않더라도 사람은 남들과의 관계 속에서 살아가는 한, 어떠한 형태로든 인정받고 있기 때문이다. 아무에게서도 인정받지 않고 고립된 채 살아가는 사람은 없다.

'남들에게서 굳이 인정받을 필요는 없다' '끊임없이 주목

받을 필요는 없다'라는 말은 '행위'의 차원에서 하는 말이다. 한편, '사람은 남들과의 관계 속에서 살아가는 한, 아무런 행동을 하지 않아도 남들로부터 인정을 받고 있다'라는 말은 '존재'의 차원에서 하는 말이다.

둘째, 특별한 일을 하지 않더라도 자신이 남들에게 공헌하고 있음을 깨달아야 한다. 공헌의 중요성을 강조하다 보면 눈에 띄는 공헌을 하지 못하는 사람을 무시하는 문제가 발생하게 된다. 하지만 겉으로는 공헌하지 못하는 것처럼 보이는 사람이라도 알게 모르게 남들에게 공헌하고 있음을 알아차려야 한다. 예를 들어, 부모의 입장에서는 자식이 존재하는 것만으로도 삶의 큰 위안이 된다. 자식이 아무리 부모의 속을 썩이더라도, 혹은 자식이 큰 병에 걸리더라도, 자식은 세상에 존재하는 것만으로도 부모에게 공헌하고 있는 셈이다.

자식뿐만 아니라 자신이 사랑하는 사람도 마찬가지다. 사랑하는 사람이 존재하는 것만으로도 충분하다. 그 사람이 자신에게 무언가를 해주었기 때문에 그 사람을 사랑하는 것이 아니다. 그러므로 '자신은 무언가 특별한 일을 하

지 않아도 다른 사람에게 공헌하고 있다'고 해도 과언이
아니다. 그런데 자신의 존재 자체가 남들에게 공헌하고 있
다고 생각하기 위해서는 그에 걸맞은 용기가 필요하다.

　이 문제는 이후에 생로병사에 관해 고찰할 때 다시 한
번 다루기로 하겠다.

제 3 장

행복하게
살아가기 위해
남들과 마주하기

남들의 평가에 신경 쓰지 않고
미움받기를 두려워하지 않는 것이야말로
자유롭게 살기 위한 핵심 요소다.

남들을
어떻게 볼 것인가?
...

지금까지 한 이야기를 돌이켜보면, '나'라는 도구는 다른 도구로 대체하지 못하며 앞으로도 쭉 '나'라는 도구를 사용해야 한다는 점을 알 수 있다. 그러므로 자기 자신을 좋아하지 못하면 행복해질 수 없다.

하지만 현실에서는 자기 자신이 마음에 들지 않는 사람이 많으며, 그 이유는 남들과의 관계를 피하고 싶기 때문이라는 점도 살펴보았다. 또한 자기 자신을 좋아하기 위해서는 자신의 단점을 장점으로 재인식하는 것도 필요하지만, 자신이 남들에게 도움이 된다고 생각할 필요도 있다는 점도 살펴보았다.

그럼으로써 '자신이 여기에 있어도 괜찮다'는 소속감을 느낄 수 있는데, 그 소속감은 자신이 여기에 살아 있다는 사실을 출발점으로 삼아 남들에게서 받기만 하는 것이 아니라, 남들에게 무언가를 줌으로써 얻을 수 있다.

하지만 남들이 틈만 나면 자신을 괴롭히고 상처 주는 무서운 사람이라는 생각이 들면 남들을 위해 행동하고 싶은 생각이 들지 않을 것이다. 그러면 자기 자신을 좋아하게 될 수도 없고, 소속감을 얻을 수도 없다.

그 때문에 아들러는 남들을 '동료'로 보아야 한다고 생각했다. 아들러는 '공동체 감각'이라는 개념을 제시했는데, 이를 쉽게 말하면 '모든 사람은 동료Mitmenschen이며, 그런 사람들이 서로 이어져 있다mit'라는 뜻이다.

동료라고 생각하기 때문에 그 사람에게 관심을 기울이고, 더 나아가 공헌하거나 협력하려고 한다. 이로써 주제는 '남들을 어떻게 볼 것인가, 남들과 어떻게 마주할 것인가'에 관한 문제로 넘어가게 된다.

그러나 남들이 상처 주는 무서운 사람이 아닌, 필요하다면 언제든 자신을 도와줄 수 있는 동료이자 친구라고 생각하는 것도 생각만큼 간단하지 않다. 자기 자신을 좋아하는 사람이라도 남이기에 완전히 믿을 수 없는 게 보통이다.

다른 사람과 이야기할 때 긴장해서 말이 제대로 나오지 않으면, 혹시나 그 사람이 나를 비웃지 않을까 걱정하기도 한다. 하지만 자신이 남의 이야기를 들을 때를 떠올려보면 그 사람이 말을 제대로 하지 못할 때 과연 그 사람을 비웃게 될까? 오히려 그 사람을 격려해주고 싶은 마음이 들지 않을까 싶다.

그런 점을 생각하면 자신이 이야기할 때 말이 잘 나오지 않거나 더듬거리더라도, 남들은 그런 자신을 결코 나쁘게 보지 않는다는 점을 기억해야 할 것이다.

그런데 결정적인 하나의 사건으로 다른 사람을 동료로 생각할 수 없게 되는 일이 종종 발생하기도 한다. 내 경험을 이야기하자면, 내가 초등학생이었을 때 평소에는 다정했던 아버지가 나를 사정없이 마구 때린 적이 있었다. 단한 번 일어난 사건이었지만 좀처럼 잊을 수 없는 충격적인 사건이었다. 지금 생각해보면 내가 잘못해서 아버지의 심기를 굉장히 상하게 했기 때문이었을 거라고 이해하지만, 내가 두들겨 맞은 이유가 구체적으로 무엇이었는지는 다행인지 불행인지 지금으로서는 전혀 기억나지 않는다.

그런 일이 있었다고 해서 그 후 아버지와 잘 지내지 못한 것은 아니지만, 가끔씩 아버지에게 가까이 다가가기가 싫어질 때 그 사건을 떠올리며 아버지와의 관계를 피하게 되었다.

특정한 사람이 아니라 막연하게 모든 사람이 무섭다고 생각한다면 아무에게도 가까이 다가갈 수 없고, 남들에게 도움을 줄 생각도 들지 않을 것이다. 이 경우에도 남들이 실제로 무서운지 아닌지는 중요하지 않으며, 남들과 관련을 맺는 것을 피하기 위해 남들을 무섭다고 여기는 것일 수 있다. 그렇게 생각하며 남들과의 관계를 피하려는 사람에게는 남들이 무서운 사람이라는 생각을 정당화하기 위한 사건이 필요하다. 내 경우에는 아버지에게 두들겨 맞은 사건이 좋은 핑계였다.

문제는 인생을 살아가면서 다른 사람과 관계 맺기를 피할 수는 없다는 사실이다. 이번 장에서는 자신과 타인의 관계에 관해 전반적으로 살펴본 후, 이어서 아들러가 대인관계를 의미하는 말로 사용한 '인생의 과제'에 관해 고찰해보고자 한다.

자기중심성에서
탈피하기
...

제2장에서 남들의 기대를 충족시키기 위해 자신을 필요 이상으로 꾸며서는 안 된다는 점을 설명했는데, 나는 이 점을 주장하기 위해 '남들 역시 자신의 기대를 충족시키기 위해 살아가지 않는다는 점'을 인정해야 한다고 생각한다.

내가 다른 사람의 기대를 배반할 수 있다면, 다른 사람도 역시 나의 기대를 배반할 수 있다. 다른 사람이 자신의 기대를 충족시켜주지 않는다고 해도 그것이 자신에게 해를 끼치지 않는 이상, 불만을 터뜨리거나 화를 낼 일이 아니다.

아들러는 다른 사람을 동료라고 생각하지 못한다면 남들에게 그릇된 기대를 하게 된다고 여겼다. 내가 이만큼 해줬기 때문에 다른 사람도 그만큼 해줘야 한다고 생각한다는 뜻이다. 이런 기대가 높아지면, 내가 아무것도 해주지 않더라도 남들은 자신의 기대를 충족시키는 행동을 해야 한다고 생각하기에 이른다.

이처럼 다른 사람이 자신의 기대에 부응하지 않는다고 해서 다른 사람을 동료로 생각하지 않는다면, 자기 자신에게밖에 관심을 기울이지 않는 자기중심적인 사람이 될 수 있다.

자신에게만 관심이 있는 사람이 대인관계에서 어떤 어려운 점이 있는지는 뒤에서 구체적으로 살펴보겠지만, 결론적으로 자신에게만 관심이 있는 사람은 반드시 실망하게 될 것이라는 점만 지적해두겠다. 남들에게서 받는 것을 당연하다고 여기고, 남들이 자신에게 무언가를 해주는 것에만 관심을 기울이기 때문이다. 이런 사람은 자신이 세상의 중심이며, 세상이 자신을 중심으로 돌아간다고 생각한다.

남들에게 자신이 원하는 바를 표현하기
...

내가 남들의 기대를 충족시키기 위해 살아가는 것이 아니듯, 남들도 나의 기대를 충족시키기 위해 살아가는 것이 아니다. 그렇다고 해서 각자가 자신의 생각대로만 살 수도 없는 노릇이다. 남들이 해주기를 바라는 일, 하지 않기를 바라는 일도 당연히 있다.

그럴 때는 다른 사람에게 자신이 원하는 바를 효과적으로 전달할 필요가 있다. 하지만 자신과 똑같은 권리를 갖고 있는 남들에게 자신이 원하는 바를 명령해서는 안 된다. 명령은 상대방이 거부할 여지를 주지 않는 표현이기 때문이다. '~하세요'라는 말투는 확실히 명령이고, '~해주세요'라는 말투도 조금 부드럽긴 하지만 상대방이 거부할 여지가 없기 때문에 명령이라는 점에서는 변함없다.

그러므로 부탁하는 말투를 사용해야 한다. 부탁은 명령과 달리 상대방에게 거부할 여지를 남겨주는 말투다. 예를 들면, '~해주시면 안 될까요?' '~해주시면 고맙겠습니다'라는 말투다. 부탁을 받으면 명령을 받을 때와 달리 대부분 흔쾌히 승낙한다.

그러나 승낙하는 것은 그 사람의 호의일 뿐이지 의무는 아니므로, 거절당하는 경우도 당연히 있다. 그렇다고 해서 처음부터 그 사람이 자신의 부탁을 들어주지 않을 것이라고 지레짐작해서는 안 된다.

예전에 이런 일이 있었다.

사람이 꽉 들어찬 전철 안에서 가방을 옆자리에 두고 좌석에 앉은 한 청년이 있었다. 만원 전철 안에서 혼자 두 자리를 차지해 남들에게 폐를 끼치고 있으면서도, 그 사실을 아는지 모르는지 태평하게 앉아만 있는 것이었다. 전철 안의 사람들은 다들 뭔가 한마디 해주고 싶어하는 눈치였지만, 괜히 소란만 일으킬까 봐 섣불리 말을 꺼내지 못했다. 그때 한 남성이 청년에게 거침없이 다가가 이렇게 말했다.

"미안하지만 가방 좀 치워줄래요?"

젊은이는 놀란 표정을 지었지만, 이내 "죄송합니다" 하며 옆자리를 비워주었다.

남이 해주기를 바라는 일이 있다면 자신의 생각을 말로 확실히 전달해야 한다는 사실을 새삼 깨달은 사건이었다.

말로 도움을 청한다
...

굳이 말을 하지 않아도, 상대방이 '나'의 생각과 느낌 혹은 '내'가 해주기를 바라는 일과 하지 않기를 바라는 일 등을 알아차릴 수 있다고 생각하기 십상이지만, 실제로는 그렇지 않다. 남의 생각을 헤아리는 배려가 미덕이라지만 그것은 이상론에 지나지 않는다.

문제는 남들이 아무 말 하지 않아도 그 사람의 생각과 기분을 헤아려야 한다고 주장하는 사람이 그와 똑같은 배려를 다른 사람에게 요구한다는 점이다. 그리고 만약 다른 사람이 자신의 기분을 헤아리지 못한다면 그 사람을 비난하기도 한다. 그러나 아무런 말도 하지 않으면 자신의 생각을 다른 사람이 알아차릴 턱이 없다.

그러므로 필요한 것이 있다면 다른 사람에게 확실한 말로 도움을 청해야 한다. 스스로 할 수 있는 일은 스스로 하라며 거절당하는 한이 있을지언정.

홀로 살아갈 수는 없다
...

무슨 일이 있더라도 남들에게 전혀 도움을 받지 않겠다고 생각하는 사람도 있다. 하지만 남들을 도와주는 데는 당당하게 적극적으로 나서면서도, 자신의 힘만으로 해결할 수 없는 일에서 남들의 도움을 받는 것을 부끄럽게 여긴다면 부자연스러운 일이다.

응석을 부리며 의존적으로 자란 사람은 생각지도 못할 일이겠지만, 세상에는 인생의 모든 무거운 짐을 혼자서 짊어지고 힘겹게 살아가는 사람도 있다.

하지만 사람은 남들의 도움 없이 혼자의 힘으로는 살아갈 수 없다. 따라서 도움이 필요하다면 서슴없이 청하는 편이 좋다. 사람이 홀로 살아갈 수 없는 이유는 생물학적으로 약한 동물이기 때문만은 아니다. 또한 평소에는 고립되어 살아가다가 필요할 때만 다른 사람과 관계를 맺는 것도 아니다.

'인간人間'이라는 한자에서 볼 수 있듯이 인간은 애초부터 '사람人 사이間에서' 살아가는 존재이며, 다른 사람과 유대관계가 끊어지면 살아갈 수 없다.

앞서 남들의 평가를 두려워하는 문제에 관해 살펴봤는데, 남들의 평가를 신경 쓴다는 것 자체가 우리의 삶에 남들이 관여하고 있다는 의미다.

다른 사람을 적으로 여기는 경우에도 '다른 사람과 갈등을 일으킨다'는 형태로, 이미 그 사람과 관련을 맺고 있는 셈이다. 남들과 갈등이 생겨나는 이유는 상대방에게 바라는 일이 있는데, 상대방이 자기 마음대로 움직여주지 않기 때문이다.

세상은
위험한 곳인가?

...

그렇다고 오직 주변 사람들과만 대인관계를 맺을 수는 없을 것이다. 주변의 친한 사람은 틀림없이 자신을 도와줄 테지만, 멀리 내다보면 이 사회에서 함께 살아가는 모든 세상 사람들이 자신을 도와줄 것이라는 보장은 없다. 세상은 무척이나 위험해 보이고, 모두가 좋은 사람이라고 단정 짓기 어렵다. 당연히 나쁜 사람도 있을 테고, 사귀기 어려운 사람도 있을 것이다.

신문이나 뉴스 등을 통해서 보도되는 사건, 사고에 전세계의 재해, 전쟁 소식을 들으면 남들이 '동료'는커녕 '적'이 아니면 다행일 정도다. '눈 감으면 코 베어 먹을 세상'이라는 속담이 있을 정도로 세상인심은 고약하다. 어쩌면 세상은 위험으로 가득한 곳이라고 생각하는 편이 나을지도 모른다.

물론 이 세상에 위험이 전혀 없다고 말하면 거짓말일 것이다. 하지만 그렇다고 해서 과도한 불안을 부추길 필요는 없다. 세상의 위험을 지나치게 강조하다 보면, 밖으로 나가고 싶어하지 않는 사람이 '세상의 위험'을 핑계 삼아 방안에만 틀어박히려 할 수 있기 때문이다. 실제로 '세상이 무섭다'는 이유로 남들과 적극적으로 관계를 맺지 못하는 사람도 있다.

신문이나 방송 등으로 알게 되는 사건, 사고를 일반화해서 '세상은 매우 위험하고 남들은 모두 나의 적이다'라고 생각해서는 안 된다. 이 세상은 어차피 비슷비슷한 사람들이 모여 사는 곳이다. 위험한 면도 분명히 있겠지만, 한순간이라도 방심하면 큰 봉변을 당할 것이라는 생각은 지나친 걱정이다.

세상이 전혀 위험하지 않다고는 말할 수 없지만, 위험이 발생했을 때는 자신을 지켜주려는 사람이 평소보다 훨씬 많이 나타난다는 사실에 한층 더 주의를 기울였으면 한다.

나의 할아버지는 전쟁 중에 얼굴에 소이탄을 맞아 큰 부상을 당했다. 어머니는 '할아버지가 치료를 받기 위해 병원에 가려고 전철을 타면 사람들이 매번 할아버지에게 자리를 양보해주었다'는 이야기를 틈만 나면 나에게 들려주었다. 그 시절의 분위기가 지금과는 다르기 때문이라고 생각할 수도 있겠지만, 오늘날에도 아픈 사람에게 자리를 양보해주는 사람들의 선의가 완전히 사라졌다고는 할 수 없다. 앞에서 이야기했듯이 전철에서 두 자리를 혼자서 차지하고 있던 무뚝뚝한 젊은이도 남들의 요청이 있으면 순순히 그 요청을 받아들인다. 지금도 임신한 여성을 보고 자진해서 자리를 양보해주는 사람들은 얼마든지 많다.

나는 무엇을
해줄 수 있을까?
…

이처럼 사람은 다른 사람과의 관계 속에서 살아간다. 이는 자신뿐 아니라 남들도 마찬가지다. 가끔 상대방이 자신을 적대시하는 것처럼 보여도, 기본적으로는 누구나 남들과의 관계를 떠나서 살 수 없다는 사실을 깨달았으면 한다.

앞서 살펴봤듯이, 아무리 자신이 아무것도 하지 않고 있어도 남들의 도움을 받고 있고, 그저 존재하는 것만으로도 남들에게 무언가 도움을 주고 있다. 이에 그치지 말고 사람의 존재가 상호적인 관계인 이상, 가능하다면 적극적으로 남들에게 무언가를 해주겠다고 마음먹는 편이 좋지 않을까 싶다. 자신은 혼자서 완결되는 존재가 아니라 남들에게 그 존재를 빚지고 있으며, 이것은 남들도 마찬가지다. '남들이 나에게 무언가를 해줄 것인가?'가 아니라, '내가 남들에게 해줄 수 있는 게 무엇인가?'를 생각했으면 한다.

남들에게 필요한 도움을 청하는 것은 부끄러운 일이 아니다. 문제는 스스로 할 수 있고 또한 해야 하는 일마저 남들에게 의존해버리고 자신이 직접 하지 않으려고 하는 자세이다.

나는 다음과 같은 마음가짐을 제안하고자 한다.

'나는 가능한 한 스스로 할 수 있는 일을 하겠다. 그리고 남들이 도움을 요청해온다면 가능한 한 받아들이겠다.'

모든 사람이 이런 식으로 생각한다면 이 세상은 분명히 행복해질 것이다.

인생의 과제

...

지금까지 살펴본 사항을 되짚어보면서, 아들러가 든 사례를 토대로 '인생의 과제'에 관해 구체적으로 생각해보고자 한다.

인생을 살아가는 데는 꼭 해결해야 하는 불가피한 과제가 있다. 이 과제는 오직 대인관계로만 풀 수 있다. 어린이는 부모의 보호를 받으면서 스스로 아무것도 하지 않아도 살아갈 수 있지만, 언제까지나 부모에게 의존할 수는 없다. 성장하고 나서는 일하지 않으면 살아가는 데 필요한 것들을 손에 넣지 못하기 때문에 직업을 가져야 한다.

친구와 사귀고, 연애를 하고, 더 나아가 그 관계가 결혼으로까지 발전하기도 한다. 자식을 낳으면 부모와 자식 간의 관계도 생겨난다. 아들러는 이를 직업의 과제, 교제의 과제, 사랑의 과제 등으로 칭했고, 이 모든 것을 통틀어서 '인생의 과제'라고 불렀다.

이 중에서 교제의 과제는 직업의 과제나 사랑의 과제까지 포함한다. 직업의 과제든 사랑의 과제든 기본적으로 모두 대인관계이기 때문이다.

　보통 한 사람이 모든 일을 혼자서 해내기는 불가능하기 때문에 분업이 필요하다. 분업은 다른 사람들과의 협력이 꼭 필요하므로 대인관계 없이는 해낼 수 없다. 혼자서 하는 일도 있겠지만, 한 업무의 모든 과정을 오로지 한 사람만이 해야 하는 경우는 없을 것이다.

　여기에서는 업무상의 대인관계는 불안정하고 오래 지속되지 않지만, 친자관계나 연애 및 결혼관계는 업무상의 관계보다 깊이가 있고 지속적이라는 점을 염두에 두었으면 한다. 지속성과 깊이의 관점에서 보면 직업, 교제, 사랑 순으로 과제의 난이도가 높아진다.

사례

　아들러가 소개한 30세 남성의 사례를 살펴보겠다. 그 남성은 '늘 최후의 최후까지 인생의 과제에서 도망치려는' 사람이었다(『삶의 과학 The Science of Living』).

　그는 항상 업무상 실패를 할지도 모른다는 두려움에 떨고 있었다. 그래서 낮이나 밤이나 공부에 열중하고, 늘 긴장 속에서 일 중독자처럼 업무에 임했다. 이처럼 너무 긴장한 나머지 그는 직업의 과제를 제대로 해결하지 못했다.

두 번째 과제인 교제의 과제도 마찬가지였다. 친구는 있었지만, 친구를 강하게 의심하는 바람에 우정에 금이 가곤 했다. 대화를 나누는 친구는 많았지만, 마음을 터놓을 수 있는 진정한 친구는 없었다. 그래서 외출을 삼가게 되고, 사람이 많이 모인 곳에서는 침묵으로 일관했다. 왜 말을 하지 않느냐고 물어보면 남들 앞에서는 아무런 생각도 떠오르지 않으니 할 말도 없다는 답변이 돌아왔다.

게다가 내향적이고 이야기할 때는 얼굴이 붉어졌다. 그는 내향적인 성격만 극복한다면 말주변이 좋아질 것으로 생각했다. 하지만 말수가 적은 것은 사실 내향적인 성격 탓이 아니라, 스스로 이야기하기를 꺼린 탓이 컸다. 원래 그는 남들에게 좋은 인상을 주지 못했고, 지인들 사이에서도 호감을 얻는 인물이 아니었으며, 그도 이런 사실을 스스로 알고 있었기 때문에 남들과 이야기하기를 싫어했다.

이처럼 그는 일할 때나 친구와 만날 때나 늘 긴장 속에서 살았다. 아들러는 그가 강한 열등감에 사로잡혀 자신

을 과소평가하고, 남들이나 새로운 상황을 자신에게 비우
호적인 것으로 받아들이기 때문에 '적진 한가운데 떨어진
격'이라고 설명했다.

열등감은
아무런 상관이 없다
…

아들러의 설명은 명쾌하지만, 여기에서 주의해야 할 점
은 그 남성이 열등감에 빠져 있고 남들이나 새로운 상황을
우호적으로 바라보지 않기 때문에 직업의 과제를 해결하
지 못하며 친구와도 제대로 된 관계를 맺을 수 없는 것이
'아니라는 사실'이다.

아들러는 다음과 같이 말했다.

"그 남성은 앞으로 나아가고 싶어하지만, 그와 동시에
실패를 두려워하기 때문에 앞으로 나아가려는 행동이 방
해를 받는다. 마치 깊은 구렁텅이 앞에 서 있는 듯이 늘
긴장 속에 살아간다."

과제를 마주하는 데
두려움을 느끼는 사람은 대부분
다른 사람이 자신보다 사랑받은 경험을
이야기하는 경우가 많다.

엄밀히 말하면 그는 앞으로 나아가고 싶어하는 듯이 보일 뿐이다.

'앞으로 나아가려는 행동이 방해를 받는다'는 것도 사태를 단순하게 설명하기 위한 것일 뿐이며, 실제로 그는 스스로 앞으로 나아가려고 결심하지 않은 것이다.

왜 앞으로 나아가려 하지 않을까? 그것은 실패를 두려워하기 때문이다. 실패하지 않는 최선의 방법(그가 최선이라고 생각한다는 의미에서)은 과제에 도전하지 않는 것이다. 처음부터 과제에 도전하지 않으면 실패할 일도 없기 때문이다. 그 남성처럼 실패를 두려워해서 앞으로 나아가려 하지 않고 '망설이는 태도'를 취하는 사람이 많다.

그에게는 인생의 과제를 회피하기 위한 핑계가 필요했다. 그 핑계가 바로 '긴장하기'다. 과제에 도전해서 실패하더라도 '긴장했기 때문에 실패했다'라고 핑계를 댈 수 있는 것이다.

그는 일단 바깥으로 나가지 않는 방법으로 과제를 회피하려 했다. 바깥으로 나가지 않으면 다른 사람과 부딪힐 필요도 없고, 대인관계에서 갈등을 겪을 일도 없다. 그러나 어쩔 수 없이 다른 사람과 관계를 맺게 되면 갑자기 긴장해버리게 되고, 생각대로 대화가 이루어지지 않아 절박감을 느끼게 되어버린다.

그는 사람이 많이 모인 곳에서 늘 침묵하는 이유로 '남들 앞에서는 아무런 생각도 떠오르지 않으니 할 말도 없다'라고 말했지만 이는 거짓말이다. 실제로는 아무런 이야기도 하지 않기 때문에 남들 앞에서 생각이 떠오르지 않는 것이다.

사람이 많이 모인 곳에서 늘 침묵하는 사람이 있다면, 그 자리의 다른 사람들은 그 사람에게 호감을 가질 수 없다. 그 사람이 무슨 생각을 하는지 알 수 없기 때문이다. 그는 그 점을 스스로도 인식하고 있었기 때문에 점점 말수가 줄어들게 되었다. 그리고 자신을 좋게 생각하지 않는 사람을 동료보다는 적이라고 여겼을 것이다. 남들에게 그렇게 생각하게 만든 사람이 다름 아닌 자기 자신임에도.

그가 업무 면에서나 교우 면에서나 늘 긴장하는 이유는 지금까지의 설명처럼 열등감 때문이 아니다. 열등감을 직업의 과제와 교제의 과제에서 도망치려는 핑계로 삼았기 때문이다. 이와 마찬가지로 친구를 강하게 의심했기 때문에 우정에 금이 간 것이 아니라, 우정에 금이 가도록 하기 위해 친구를 의심한 것이다. 내향적이고 이야기할 때 얼굴이 빨개지는 것도 대화를 제대로 하지 않기 위한 핑계라고 할 수 있다.

게다가 그는 '내향적인 성격만 극복한다면 말주변이 좋아질 것'이라고 생각했는데, '만일 ……한다면'이라는 가능성에 관한 이야기는 겉만 번드르르하고 실속은 없는 말일 뿐이다.

열등 콤플렉스란?
...

그는 세 번째 과제인 사랑의 과제에도 직면했다.

'그는 이성에게 다가가기를 망설였다. 연애와 결혼을 희망했지만 강한 열등감에 사로잡혀 두려워한 나머지 연애와 결혼 계획에 정면으로 마주하지 못했다.'

이것이 아들러가 말한 '망설이는 태도'다.

'강한 열등감' 때문에 인생의 과제인 연애와 결혼을 못
했다는 말도 일반적인 표현일 뿐이며, 실제로는 열등감이
원인이 되어 사랑의 과제를 회피한 것이 아니다. 오히려
그는 강한 열등감이 있다는 핑계로 사랑의 과제에서 도망
친 것이다.

　여기에서 아들러는 '강한 열등감'이라는 말을 사용했는
데, '열등 콤플렉스'라는 말을 사용하는 경우도 있었다.

　조심해야 할 부분은 '열등감'과 '열등 콤플렉스'는 의미
가 다르다는 점이다. 열등감은 '자신이 뒤떨어진다는 사실
을 느끼는 것'이다. 한편 열등 콤플렉스는 'A이므로(혹은 A
가 아니므로) B를 할 수 없다는 논리를 일상생활에서 자주
사용하는 것'을 말한다. 여기에서 A는 남들이 봤을 때나
스스로 생각했을 때나 그런 이유가 있으면 어쩔 수 없다고
여길 만한 그럴듯한 핑계다.

　예를 들어 '신경증'이 A의 예로 자주 사용된다. 학생이 "열
이 나는 것 같아. 머리가 아파" 하는 핑계로 학교를 빠지려
는 경우는 제1장에서 소개한 것처럼 매우 흔한 일이다.

　아들러는 다음과 같이 말했다.

"그의 모든 행동과 태도는 '네, 하지만……'이라는 말로 요약할 수 있다."

과제를 앞에 두고 용기가 꺾인 사람은 매번 "그렇게 하겠습니다. 하지만……"이라고 핑계를 댄다.

분명히 달성하기 어려운 일도 있겠지만, 그 일에 착수하기도 전에 실패했을 때를 먼저 생각하고 제자리걸음을 하며 망설이는 사람은 의외로 많다. 그런 사람이 '네, 하지만……'이라고 말하는 것은 할지 안 할지 모르겠다는 뜻이 아니라, 대부분 처음부터 하지 않겠다고 결정했다는 뜻이다. 그리고 하지 않는 것을 정당화하는 핑계를 나중에 얼마든지 생각해낸다.

나는 카운슬링을 하다가 '네, 하지만……'이라는 말을 입버릇처럼 자주 사용하는 내담자가 있으면, 우선 '네, 하지만……'이라는 말을 자주 사용한다는 사실을 스스로 인식하게 만든다. 그리고 그 말을 하는 횟수를 세어보도록 하기도 한다.

"오늘은 '네, 하지만……'이라는 말을 한 번도 하지 않았습니다"라고 자랑스럽게 말하는 내담자도 있었다.

이런 식으로 '네, 하지만……'이라는 말을 자주 한다는 사실을 스스로 인식하고, 핑계 찾기를 멈춰야만 사람은 바뀔 수 있다.

과제를 회피하는 사람의 과거

...

지금까지 살펴본 세 가지 인생의 과제를 해결하기는 분명히 힘들지만, 해결하지 않으면 인생을 살아갈 수 없다. 인생의 과제를 다른 누군가가 대신 해결해줄 리도 만무하다. 그 남성은 사실 인생이 벅차기 때문에 아무것도 하지 않는 편이 좋겠다고 생각한 것이 아니라, 아무것도 하지 않겠다는 결심이 앞서 그 결심을 정당화하기 위해 '인생은 원래 벅찬 것'이라고 여겼다고 할 수 있다.

아들러는 그 남성에 대해 "아무것도 하지 않겠다고 결심했기 때문에 조심스럽게 망설이게 되고, 도피의 길을 찾는 사람이 되었다"라고 말했다.

'조심스럽다'는 자질은 그 자체로는 아무런 문제가 없지만, 지나치게 조심스러우면 실패를 두려워하게 되고 과제에 도전하기보다는 도피하는 길을 택하게 된다.

이처럼 과제를 마주하는 데 두려움을 느끼는 사람은 대부분 다른 사람이 자신보다 사랑받은 경험을 이야기하는 경우가 많다고 아들러는 지적했다.

그 남성은 집에서 장남이었다. 그래서 처음에는 부모와 주변의 관심을 독차지했지만, 뒤이어 태어난 동생들에게 '영광의 자리'를 내주어야만 했다. 이 상황이 그에게는 힘이 들었을 것이다.

같은 집안에서 태어났다고 해도 자신이 처한 상황을 어떻게 바라볼지는 자식마다 다르다. 첫째 아이는 이른바 왕좌에서 밀려나는 경험을 하는데, 그런 사태를 어떻게든 막아보기 위해 처음에는 부모에게 칭찬받으려고 노력한다. 그런데 그런 시도가 잘 먹히지 않으면 부모를 곤란하게 만드는 행동에 나선다.

이런 행동의 목적은 부모나 주변의 관심을 끌기 위한 것인데, 그것이 아무리 적절한 행동이라 하더라도 관심의 중심에 서려는 것 자체가 문제다. 이는 비단 첫째 아이에게 한정된 문제는 아니다. 첫째든 막내든 주목을 받고 싶다거나 관심의 중심에 서고 싶다는 생각 자체를 아들러는 문제로 삼는다.

왜냐하면 자신이 관심의 중심에 서야 한다고 생각하는 사람은 스스로도 자신에게만 관심을 기울이기 때문이다. 이것은 너무나 자기중심적이라고 할 수 있다. 남들이 얼마나 자신에게 주목할지, 자신에게 무엇을 해줄지, 자신의 욕구를 충족시켜 줄지만 신경 쓰는 사람은 행여 자신에게 각별한 주목을 주지 않거나 자신이 원하는 방식의 관심을 갖지 않는 사람이 있다면, 그 사람을 동료가 아니라 적으로 여기게 된다.

타자에 대한 관심

...

아들러의 치료 방침은 매우 간결하다. 그 남성이 현재 갖고 있는 자신에 대한 관심Self Interest을 타자에 대한 관심

Interest in Others으로 돌리는 것이다.

아들러 심리학의 핵심 개념 중 하나인 '공동체 감각 Gemeinschaftsgefühl'은 그 영어 번역어 'Social Interest'에서 알 수 있듯이 타자에 대한 관심 그 자체다. 또한 아들러의 공동체 감각을 나타내는 말로 'Mitmenschlichkeit'가 있다. 앞에서 봤듯이 'Mitmenschen'은 '동료'라는 뜻이고, 전체적으로는 '사람과 사람Menschen이 이어져 있다mit'라는 의미다. 따라서 남을 동료로 생각하지 않는 사람은 공동체 감각을 지니고 있지 않다고 할 수 있다. 동료라고 생각하기 때문에 그 사람에게 관심을 갖고 공헌하거나 협력하려는 것이다.

인생의 과제를 해결하기 위해서는 타자에 대한 관심이 발달되어야 한다. 왜냐하면 인생의 과제는 곧 대인관계인데, 대인관계에 무언가 해결해야 할 문제가 발생했을 때 스스로 아무것도 하지 않아도 남들이 자신을 위해 무언가를 해준다고 생각한다면 인생의 과제는 결코 해결되지 못하고 인생도 점차 힘들어지기 때문이다.

여기에서 주의해야 할 점은 그 남성이 장남으로 자라 다른 형제에게 관심의 자리를 빼앗겼기 때문에 타자에 대한 관심이 발달되지 않았던 것은 '아니라는 사실'이다. 그 남성이 그런 라이프스타일을 형성하는 데 장남으로 자랐다는 사실은 분명히 영향을 끼쳤겠지만, 첫째 아이가 모두 그 남성과 똑같은 인생을 살지는 않는다.

아들러 심리학에서는 라이프스타일을 알기 위해 인생의 첫 기억을 떠올려보라고 말한다. 그 남성의 첫 기억은 다음과 같았다.

"어느 날, 어머니가 나와 동생을 데리고 시장에 갔는데 갑자기 비가 쏟아졌습니다. 어머니는 처음에 나를 안아주었지만, 동생을 언뜻 보더니 나를 내려놓고 동생을 안아 올렸습니다."

과거에 그가 그런 경험을 했다는 사실이 중요한 것이 아니다. 어쩌면 실제로 그런 사실이 없고 그 남성의 기억이 잘못되었는지도 모른다.

아들러는 이처럼 첫 기억을 회상함으로써 그 남성의 라이프스타일을 그릴 수 있다고 말했다. 그 남성은 항상 다른 사람이 자신보다 사랑받는 것을 두려워했다. 처음에는 자신이 어머니에게 안겼는데, 동생에게 눈길이 쏠린 어머니가 자신을 내려놓고 동생을 안아 올렸던 것처럼.

다른 사람이 자신보다 사랑받지는 않는지, 친구가 자신보다 다른 사람을 더 좋아하지는 않는지 항상 눈을 크게 뜨고 지켜보는 사람은 우정이나 사랑을 해치는 사소한 사건도 그냥 지나치지 못하고 우정이나 사랑의 수명을 스스로 단축시켜버린다.

그래서 이렇게 의심이 많은 사람은 완전히 고립되어 살아가기를 희망한다. 다른 사람과 관계를 맺지 않고, 다른 사람에게 관심을 두지 않는다. 그러나 사람이 홀로 살아갈 수 없는 이상, 이런 식으로는 결코 문제를 해결할 수 없다는 사실은 분명하다.

거듭 이야기하지만, 그 남성은 과거에 어머니에게 안기지 못한 경험을 했기 때문에 다른 사람에게 관심을 갖지 않는 것이 아니다. 바로 지금 다른 사람에게 관심을 가질 수 없기 때문에 그런 자신을 정당화하기 위해 자신의 라이프스타일과 일치하는 경험을 과거의 기억 속에서 끄집어 낸 것일 뿐이다.

그러나 그 사실을 알아차리지 못한 그는 어머니가 자신보다 동생을 더 사랑했다는 과거의 경험을 핑계 삼아, 현재 직면하는 교제의 과제와 사랑의 과제를 회피하려 들었다. 그뿐만 아니라 지금 현재 다른 사람이 자신보다 사랑받는다는 이유로 인생의 과제에서 도망치려고 했다. 그러나 이는 인과관계를 잘못 파악한 것이다. 이에 관한 더욱 자세한 설명은 뒤에서 하겠다.

의존적인 아이
...

위 사례의 남성은 왕좌에서 밀려났지만, 왕좌에서 밀려나지 않고 쭉 왕이나 여왕처럼 오냐오냐 떠받드는 대우를 받으며 성장하는 아이도 있다.

아이는 태어나서 얼마 동안은 부모에게 전적으로 의지해야만 살 수 있지만, 언젠가는 독립해야만 한다. 부모도 아이의 자립을 도와주어야 마땅하다.

하지만 아이에게 과도한 애정을 쏟는 부모는 아이가 스

스로 할 수 있는 일조차 못 하게 막으며 자립을 방해하기도 한다. 남을 도와주거나 남과 협력하는 방법을 가르쳐주지 않고, 오히려 그런 행동을 막으며 모든 응석을 받아준다. 아이가 스스로 해야 하는 일에 관해서도 부모가 아이 대신에 행동하고 생각하고 이야기한다. 그렇게 키워진 아이는 자연히 응석받이 특유의 라이프스타일을 발달시키게 된다.

한편, 과도한 애정을 쏟지 않고 아이의 자립을 도와주려는 부모 밑에서 자란 아이일지라도 의존적인 아이가 될 수도 있다. 앞서 예를 든 남성처럼 부모가 나중에 태어난 동생에게 더 관심을 쏟으면 첫째 아이는 부모에게 더욱 집착하기 때문에 성인이 되어도 응석받이 특유의 라이프스타일을 유지하게 될 가능성도 있는 것이다.

이런 사람은 인생의 과제를 자신의 힘으로 해결하기를 거부한다. 누군가 다른 사람이 자신을 위해 과제를 해결해주는 것을 당연하다고 여긴다.

의존적인 아이는 성인이 되어도 자신이 세상의 중심이라고 생각하므로, 자신이 관심의 중심에 서지 못하는 상황이나 그것을 방해하는 사람을 '적'으로 간주한다.

이렇게 해서 응석받이 아이는 다른 사람과 관련을 맺으려고 하지 않고 대인관계라는 인생의 과제에서 멀어지게 된다. 다른 사람을 적으로 여긴다면 남들을 도와줄 생각 역시 들지 않을 것이고, 남들을 도와주면서 사회에 공헌한다는 느낌도 맛보지 못하며, 자기 자신도 좋아할 수 없다. 자신이 누군가에게 도움이 된다고 느꼈을 때만 스스로를 좋아할 수 있기 때문이다.

겉으로 보이는 인과율
...

인생의 과제에서 도망치기 위해서는 핑계가 필요하다. 가장 많이 등장하는 핑계가 신경증이고, 그 외에도 커다란 재해, 사건, 사고 등이 핑계로 자주 사용된다. 이 모든 핑계를 아우르는 결과로서의 트라우마(정신적 외상)가 중요한 의미를 갖는 경우도 있다. 분명히 이러한 심각한 사건들은 사람의 마음에 커다란 영향을 끼치지만, 반드시 깊은 상처를 남긴다고는 할 수 없다.

　인생의 과제와 맞서는 사람은 커다란 재해나 사건과 맞닥뜨려도 충격에서 쉽사리 벗어날 수 있다. 하지만 인생의 과제를 회피하려는 사람은 직면하는 과제가 잘 풀리지 않는 것을 정당화하기 위한 핑계로 트라우마를 사용한다.

　남편과의 관계가 삐걱대는 이유가 어렸을 적에 아버지에게 학대를 받았기 때문이라고 이야기하는 사람을 텔레비전에서 본 적이 있다. 어렸을 적 아버지와의 관계가 이후의 인생에서 대인관계에 영향을 전혀 끼치지 않았다고는 할 수 없겠지만, 그와는 상관없이 부부관계를 개선하기 위한 노력은 지금이라도 충분히 할 수 있기 때문에 부부관계가 삐걱대는 원인을 과거의 사건에서 끄집어내려는 것은 왠지 아귀가 맞지 않는다.

　아들러는 이것을 '겉으로 보이는 인과율'이라는 말로 설명한다(『삶의 과학The Science of Living』). 이는 현재의 사건 혹은 상황이 어떤 원인에 의해 생겼다고 설명하는 것을 말한다. '겉으로 보이는'이라는 말은 실제로 인과관계가 없는데도 인과관계가 있는 것처럼 보인다는 뜻이다.

실제로 과거에 아무리 심한 경험을 했다고 해도, 결혼한 후의 부부관계는 과거와 상관없이 충분히 발전시켜나갈 수 있다.

아들러는 어떤 경험에 의해 지금의 자신이 결정된다는 의미의 결정론을 부정한다. 아들러는 다음과 같이 말했다.

"모든 경험은 그 자체로는 성공의 원인도 실패의 원인도 아니다. 우리는 자신의 경험에 의한 쇼크(이른바 트라우마)에 괴로워하는 것이 아니라, 경험 속에서 목적에 맞는 것을 찾아낸다. 자신의 경험에 의해 결정되는 것이 아니라, 경험에 어떤 의미를 부여할지 스스로 결정하는 것이다(『인생이 당신에게 어떤 의미가 되어야 하는가?What Life Should Mean to You?』)."

트라우마에 관한 아들러의 의견에 찬성하지 않는 사람이라도, '살인자가 욱하는 성격이다' 또는 '살인자가 어렸을 적에 가난하게 자랐다'라는 사실이 살인의 원인이라고 생각하지는 않을 것이다.

'겉으로 보이는 인과율'은 인생의 과제를 회피하려는 사람도 자주 사용한다. 인생의 모든 과제는 어느 하나 빼놓을 수 없이 골고루 중요한데도, 일 중독자라고 불리는 사람은 업무에만 모든 열정을 쏟아붓느라 가정을 돌보지 않는 경우가 있다. 이런 사람은 직업의 과제를 최우선으로 삼아야 한다는 사실을, 다른 과제에 힘을 쏟지 않는 핑계로 삼는다.

반대로 실패한 결혼 생활을 구실로 삼아 바쁜 업무에서 탈출하려는 사람도 있다. 업무가 바빴기 때문에 가정에 제대로 신경 쓰지 못했다는 하소연이다.

연애를 최우선으로 삼는 사람도 이와 마찬가지로 다른 인생의 과제에 맞서지 않으려는 핑계로 연애를 사용한다. 앉으나 서나 늘 애인을 생각하느라 끼니를 거르기도 하는 사랑의 숭고함을 모독할 생각은 추호도 없으나, 그런 와중에도 일상생활은 지속되어야 하는 것도 사실이다.

인생에는 연애 말고도 수많은 사람들과의 대인관계도 존재하므로, 사랑하는 사람과의 관계 외에는 의미가 없다고 생각하고 다른 관계들을 경시한다면 어느샌가 주변에 아무도 남지 않게 될 것이다.

그러면 어떻게 해야 좋을까?
...

앞선 사례에서 그 남성은 교제의 과제와 사랑의 과제에서 도망쳐서 고립된 채 살아가기 위해 과거나 현재에 남들이 자신보다 더 사랑받는다는 것을 핑계로 삼았다. 이로써 그는 자신보다 남들에게 더 관심을 두는 사람을 비난했다. 아들러의 말마따나 '마치 깊은 구렁텅이 앞에 서 있는 듯이' '마치 적진 한가운데 떨어진 것처럼' 늘 위험에 노출되어 긴장 속에 살았다.

이런 사람은 어떻게 해야 좋을까? 아들러는 열등감을 줄여야 한다고 말한다. 열등감은 실제로 남들보다 뒤떨어진다는 사실이 아니라, 뒤떨어진다고 여기는 느낌이다. 따라서 본인은 열등감이 매우 신경 쓰이지만, 주변 사람들은 그가 왜 그렇게 열등감에 괴로워하는지 이해하지 못한다.

스스로에게 자신감이 있다면 누군가가 자신보다 다른 사람을 더 사랑한다고 해도, 그것이 자신을 위협하는 중대한 사건이라고는 생각하지 않는다.

만약 다른 사람의 호의나 사랑을 받고 싶다면 그에 상응하는 노력을 해야 한다. 스스로는 아무것도 하지 않으면서 남들이 자신에게 호감을 가져주기를 원한다면 그것은 생떼를 부리는 것이나 다름없다. 그러면서 자신에게 관심과 애정을 갖지 않는 사람을 비난하기라도 한다면 처음부터 대인관계 속에 들어가기를 거부하는 것과 마찬가지이므로 인생이 불행하다고 느낄지라도 전혀 이상한 일이 아니다.

그래서 아들러는 그 남성이 스스로 파티를 주최하고 친구들과 즐거운 시간을 보내려고 노력한다면 상태가 꽤 좋아질 것이라고 판단했다. 자신의 힘과 노력으로 친구들이 즐거운 시간을 보낼 수 있도록 공헌한다는 느낌을 지닐 수 있기 때문이다.

하지만 그 남성은 일상적인 대인관계에서 그 어떤 노력도 하지 않고 아무도 자신을 즐겁게 해주지 않는다면서 불평하기만 했다. 남들에게서 일방적으로 받기만을 원하는 사람이 행복해지기는 요원한 일이다.

연애와 결혼

…

지금까지 '늘 최후의 최후까지 인생의 과제에서 도망치려는' 남성의 사례를 살펴보았다. 이제부터는 인생의 과제 가운데 가장 난이도가 높은 '사랑의 과제'에 관해 생각해보고자 한다.

어느 젊은 남성이 아름다운 여성과 무도회에서 춤을 추었다. 그녀는 그의 약혼자였다. 춤을 추는 도중에 그는 안경을 떨어뜨렸다. 그때 그는 떨어뜨린 안경을 줍기 위해 그녀를 밀쳐서 넘어뜨렸다. 옆에서 놀란 친구가 물었다.

"무슨 일이야?"

"이 여자가 안경을 밟을까 봐 그랬어."

그러자 그녀는 그와 파혼했다(『삶의 과학The Science of Living』).

독일의 심리학자 에리히 프롬Erich Fromm은 상대방만 있으면 연애를 성취할 수 있다는 생각은 잘못되었다고 말했다(『사랑의 기술Die Kunst des Liebens』).

많은 사람들은 사랑은 쉽지만, 사랑하는 사람을 만나기

는 어렵다고 생각한다. 상대방만 있으면 연애를 성취할 수 있는 것처럼 여기는 것이다. 그러나 프롬의 말처럼 사랑하는 것도 능력이다.

결혼은 시작이지 결코 끝이 아니다.

수많은 소설, 영화, 드라마는 남녀가 결혼하면서 끝나지만, 결혼은 해피엔드가 아니라 어쩌면 불행의 시작일지도 모른다. 다행히 결혼 상대를 만났다 하더라도 결혼 후에는 연애할 때 못지않게 힘이 들기도 한다. 연애가 이벤트라면 결혼은 현실이기 때문이다.

당장의 생활에 신경 쓰지 않고 사귀던 시절과는 달리, 둘이서 한 공간에서 생활하게 되면 항상 즐거운 일만 일어나지는 않는다.

의존심이 강한 아이가 성인이 되어 결혼을 하면 상대방에게 의존하려는 데서 문제가 생긴다. 이는 사귀던 시절이나 신혼 때는 그다지 큰 문제가 아닐 수도 있다. 오히려 상대방이 자신에게 의지해주기를 바랄지도 모른다.

하지만 시간이 흘러도 두 사람 가운데 한 명이, 경우에 따라서는 두 사람 모두 의존심이 여전히 강하다면, 이벤트가 아닌 현실의 결혼에서는 금세 심각한 문제로 탈바꿈한다. 서로 받으려고만 하기 때문이다.

흔히 경제적인 안정이나 사회적인 지위가 결혼의 중요한 조건으로 여겨지지만, 그것은 아들러가 말하는 라이프스타일의 문제에 비하면 아무것도 아니다.

연애와 결혼에서 발생하는 문제는 다른 대인관계에서 일어나는 문제와 기본적으로 동일하다. 만약 자기 자신에게만 관심을 갖고 다른 사람에게 관심을 보이지 않는 사람이라면 연애와 결혼에서도 벽에 부딪히고 만다.

남들에게 관심을 갖고 남들을 동료로 인정하며 남들에게 공헌한다는 의미에서의 공동체 감각은 어느 날 갑자기 길러지는 것이 아니다. 만약 지금까지 자기중심적인 라이프스타일을 갖고 있었다면, 누군가와 연애관계를 맺었다고 해서 하룻밤 사이에 연애에 걸맞는 라이프스타일로 바꾸기도 힘들다.

자신이 세상의 중심이라고 생각하고, 다른 사람에게 베풀겠다는 마음 없이 오로지 받기만을 기대하는 사람은 다른 대인관계에서와 마찬가지로 사랑과 결혼에 실패할 확

률이 크다. 그런 사람의 연애와 결혼이 어떤 결과를 맞이할지는 불 보듯 뻔한 일이다.

의존적인 아이는 성인이 되어도 남들이 자신에게 무엇을 해줄지에만 관심을 기울인다. 그런 사람의 기대를 충족시켜주는 사람이 있다면 좋겠지만, 앞에서도 살펴봤듯이 남들은 자신의 기대를 충족시켜주기 위해 살아가지 않는다. 그런 당연한 사실을 깨닫는 순간 혼란에 빠지는 사람이 한둘이 아니다. 그 가운데에는 자신의 기대대로 움직여주지 않는 사람에게 공격적인 성향을 보이는 사람도 있다. 그런 공격을 당한 사람은 상대방을 떠날지도 모른다. 결국 의존적인 사람은 남들에 대한 불신감을 더욱 키우게 된다.

이 세상에서 사람에게 억지로 강요할 수 없는 일이 두 가지가 있다. 그것은 바로 '존경'과 '사랑'이다. 당연히 '나를 사랑하라, 나를 존경하라'라고 강요할 수는 없는 노릇인데, 그것을 가능하다고 생각하는 사람도 있다. 하지만 스스로 아무것도 하지 않는다면 존경받을 수도, 사랑받을 수도 없다.

한편 상대방에게 동정심을 유발해서 도움의 손길을 받

아내는 사람도 있다. 도움의 손길을 내미는 것은 분명히 상대방의 자발적인 행동일 테지만, 동정심을 유발하는 사람은 주변 사람이 도움의 손길을 내밀지 않고서는 못 배기도록 '만든다'는 점에서는 자신의 기대대로 움직여주지 않는 사람에게 공격적인 성향을 보이는 사람과 별반 다르지 않다. 이때 동정의 손길을 내미는 상대방이 교묘한 유혹의 덫에 빠졌다고 할 수 있다. 이런 술책에 말려들었다는 사실을 상대방은 눈치채지 못하는 경우가 많다.

이런 상황에서는 두 사람이 대등한 관계라고 할 수 없다. 아들러는 "사랑과 결혼의 문제는 완전한 평등을 토대로 삼을 때만 만족스럽게 해결할 수 있다"라고 말했다(『삶의 과학The Science of Living』).

대등한 관계
...

아들러는 모든 관계가 대등해야 한다고 생각했다. 어른과 아이의 관계 역시 대등해야 한다는 말을 들으면 놀라는 사람도 있을 것이다. 어른과 아이가 똑같은 입장이라는 뜻은 아니다. 지식, 경험, 책임의 양을 생각한다면 어른과 아이가 완전히 똑같을 수는 없다. 그러나 아들러는 어른과 아이가 똑같지는 않지만 대등하다고 생각했다.

이는 남녀관계에서도 마찬가지다. 오늘날에는 남녀가 대등하지 않다고 공공연하게 말하는 사람이 거의 없지만, 남성의 경우에는 무의식적으로 자신이 여성을 이끌어야 한다고 생각하는 사람이 많다.

주말마다 재미있는 데이트 장소에 데려가겠다거나 경제적으로 어려움 없이 지내게 해주겠다고 호언하는 남성의 발언은 자신이 여성보다 우위에 서기를 바란다는 점을 은근히 드러낸다.

하지만 경제적으로 우위에 서지 못한다는 것이 결코 열등하다는 의미는 아니다. 집안일은 직장 업무 못지않게 중요한 일이다. 그런데도 낮 동안에 밖에서 일하기 때문에 저녁이 되어 집에 돌아와서까지 집안일을 돌볼 여력이 없다고 생각하는 사람도 많다. 그러나 '낮 동안에는 집에 없기 때문에 집안일을 할 수 없었지만, 집에 돌아오면 집안일을 할 수 있다'고 생각한다면 밖에서 일하는 가족에게 집안일을 분담시키더라도 별문제가 없지 않을까 싶다.

아들러는 다음과 같이 말했다.

"만일 남성이나 여성 가운데 어느 한쪽이 결혼 후에 상대방을 지배하려고 든다면 결과는 치명적일 것이다(『삶의 과학 The Science of Living』)."

이 말은 결혼한 후에만 한정된 말이 아니라, 결혼하기 전에도 적용할 수 있다. 물론 결혼 전에는 상대방에게 미움받기 싫어서 상대방을 지배하려는 욕구를 드러내지 않을지도 모른다. 그러나 이벤트가 아닌 현실의 결혼에서는 언제까지나 자신의 속내를 감출 수는 없는 노릇이다.

아들러가 '남성이나 여성 가운데 어느 쪽이든'이라는 표현을 사용한 것도 나는 흥미롭게 느껴졌다. 요즘 들어 여성이 남성을 지배하려는 커플도 자주 눈에 띄기 때문이다. 어찌 됐든 아들러는 상대방을 지배하기 위해 결혼하는 것은 결혼에 대한 올바른 자세가 아니라고 생각했다.

남성이 여성을 지켜야 한다거나 여성을 행복하게 만들어야 한다는 생각도 조심할 필요가 있다. 두 사람이 힘을

만일 남성이나 여성 가운데 어느 한쪽이
결혼 후에 상대방을 지배하려고 든다면
결과는 치명적일 것이다.

합쳐 행복을 위해 노력하는 것이지, 누군가가 상대방을 행복하게 만드는 것이 아니다. 그런 생각은 두 사람이 대등한 커플이라면 결코 나올 수 없다.

그러면 어떻게 해야 결혼을 위한 올바른 준비를 할 수 있을까? 그 준비는 연애를 할 때부터 시작된다. 아들러는 이를 공동체 감각의 훈련이라고 말했다. 즉, 타인에게 관심을 갖는 일이다. 안경을 줍기 위해 자신의 약혼녀를 밀쳐서 넘어뜨린 남성은 틀림없이 오직 자기 자신에게만 관심을 기울이는 사람이었을 것이다.

공감한다는 것
...

결혼을 위한 또 한 가지 올바른 준비는 공감 능력을 높이는 일이다. 아들러는 이를 두고 자신을 타인과 동일시하는 능력이라고 말했다. 아들러는 가정생활에 적절한 준비를 하는 사람이 거의 없는 이유에 관해 "다른 사람의 눈으로 보고, 다른 사람의 귀로 듣고, 다른 사람의 마음으로 느끼는 방법을 배운 적이 없기 때문이다"라고 말했다.

　이는 말로는 쉽게 이해할 수 있지만, 실천하기는 어렵다. 실제로는 자신의 눈으로밖에 볼 수 없기 때문이다. '내가 상대방의 입장이라면 어떻게 할까?'라는 생각을 지니지 않는 한, 다른 사람의 생각과 느낌을 정확히 이해하기는 어렵다.

　자신의 척도로 다른 사람을 본다면 자신과 상대방의 차이를 깨닫지 못한다. 그 때문에 상대방에 대해서 오해하게 되고, 그 오해가 두 사람의 관계에 상처를 입힌다. 친하다고 해서 혹은 상대방을 사랑한다고 해서 상대방을 모두 이해할 수 있는 것은 아니다. 이해하지 못하는 것 자체가 문제는 아니다. 실제로 이해하지 못한 채 넘어가는 일도 자주 있다.

　진짜 문제는 자신이 상대방을 이해하지 못할 수도 있다는 사실을 전혀 인정하지 않는 데 있다. 상대방이 자신과 다른 시각을 갖고 있다는 점을 인정하지도 않고 상대방을 이해하려고 노력하지도 않는 것이 문제다.

　그래서 상대방을 이해하기 위해서는 상대방의 입장에

서서 자신을 상대방과 동일시함으로써 상대방에게 공감할 필요가 있다. 이처럼 공감하고 이해한다는 것은 자신을 상대방과 동일시하는 것과 같다.

아들러는 다음과 같은 구체적인 예를 들었다.

극장에서 연극을 관람할 때는 배우의 역할에 공감하며, 책을 읽을 때는 주인공의 대사에 공감한다. 외줄타기를 하는 곡예사가 줄 위에서 휘청거리면 관객은 마치 자신이 떨어지는 것처럼 소리를 지른다. 수많은 청중 앞에서 이야기하는 강연자의 말문이 갑자기 막히면 그 모습을 보고 있는 사람들도 마치 자신들이 강연자가 된 양 조마조마해진다 (『학교에서의 개인심리학Individualpsychologie in der Schule』).

파트너 선택
...

아들러는 누구나 어렸을 때부터 마음속에 이상적인 파트너를 만들어낸다고 말했다(『삶의 과학The Science of Living』). 남성의 경우 어머니가 이상형이며, 어머니와 매우 닮은 여성을 찾으려고 하는 경향이 있다.

그런데 어렸을 때 어머니와 불행한 긴장관계에 놓여 있었다면 어머니와 정반대의 여성을 찾으려고 한다. 지배적인 어머니 밑에서 억압당하며 자라면, 여성에 대한 공포를 느껴서 연애나 결혼은 물론 여성과의 접촉마저 완전히 피하려는 현상도 나타난다. 따라서 억압당하며 자란 남성은 어머니와 달리 연약하고 순종적인 여성이 이상형이 된다. 그런 남성은 쉽게 화를 내거나 잔소리를 일삼던 어머니를 무능력한 교육자로 간주하고, 어머니의 압력에서 벗어나려고 한다(『인간 이해Menschenkenntnis』).

아이를 꾸짖으며 키우는 부모는 아이가 스스로 책임을 져야 하는 상황에서까지 아이의 과제에 개입해서 아이를 의존적으로 만드는 경우가 있다. 어머니가 아이를 의존적으로 키운다면 아이의 '마더 콤플렉스'를 발달시킬 수 있다고 아들러는 지적했다(『인생이 당신에게 어떤 의미가 되어야 하는가?What Life Should Mean to You?』). 부모의 압력에서 벗어나는 편이 바람직하다는 의미다.

어머니의 영향에 의해 자신이 약하고 열등하다고 느끼

는(즉, 열등감을 가진) 남성은 여성에게 지배당하고 싶다고 생각해서 모성이 강한 여성을 이상형으로 삼을지도 모르고, 혹은 반대로 여성에게 공격적이거나 지배적으로 행동할 수도 있다. 이때 그런 공격적이고 지배적인 남성은 자신과 똑같은 공격적인 여성을 고른다. 격렬한 싸움 끝에 지배자가 되기를 바라기 때문이다.

또한 파트너를 선택할 때 병을 앓고 있는 사람이나 자신보다 연상인 사람을 선택하기도 하고, 기혼자를 선택하기도 한다.

물론 사랑의 형태는 다양하기 때문에 아들러도 특별히 어떤 파트너가 바람직한지에 관해서는 언급하지 않았다. 다만, '일반적인 의미에서 결혼하기 힘든 파트너'를 선택하는 사람은 겉으로는 결혼을 강하게 바라는 듯 보이더라도 결혼이 현실이 되는 것을 두려워하는 마음이 있다고 파악했다.

예를 들어, 장거리 연애를 하는 사람은 애인과 멀리 떨어져 있다는 사실을 연애가 잘 진전되지 않는 이유로 드는 경우가 있다. 하지만 사실 멀리 떨어져 있기 때문에 연애가 힘든 것이 아니라, 결혼하고 싶은 마음이 강하지 않기 때문에 애인과 멀리 떨어져 있다는 사실을 결혼하지 않으려는 핑계로 삼는 것일 수도 있다. 근무지가 바뀌어서 다시 가까운 곳에서 지내게 된다면, 더 이상 그런 핑계를 댈 수 없어서 또 다른 핑계를 찾게 될 것이다. 이것이 결코 진지한 연애가 아니라는 말은 아니지만, 아들러가 전달하고자 하는 의미는 충분히 이해할 수 있을 것이다.

여성이 파트너를 선택할 때도 부모의 영향을 당연히 받는다. 앞에서 어머니의 영향으로 열등감을 갖게 되는 남성의 예를 들었는데, 여성도 비슷한 열등감을 지닐 수 있다. 게다가 사회에서는 남성이 여성보다 우위에 있다고 인식되기 때문에 여성은 자신의 열등감을 남성보다 훨씬 많이 보상받기를 원한다고 아들러는 지적했다.

남성이든 여성이든 부모가 어떤 사람인지에 따라 파트너를 선택하는 기준이 크게 좌우되지만, 결코 결정적인 영향은 아니다. 대부분의 경우, 결혼 생활이 잘 풀리지 않을 때 파트너 선택의 잘못을 부모에게 돌리려는 목적도 있다고 보인다.

남녀는 대등하다
...

아들러가 1930년대에 쓴 책에는 "부부는 분업을 하고, 각자 자신에게 주어진 역할을 다하는 것이 중요하다"라고 쓰여 있다. 남성은 바깥일에 전념하고 여성은 집안일에 전념하는 것이 바람직하다는 뜻이다(『학교에서의 개인심리학 Individualpsychologie in der Schule』).

물론 오늘날에는 남녀의 역할 분담을 고정해야 한다는 생각을 받아들이기는 힘들다. 남녀가 각자 자신에게 맞는 역할을 자유롭게 골라서 하면 된다고 본다. 다만, 앞에서 어른과 아이가 똑같지는 않지만 대등하다고 말했듯이, 남녀도 똑같지는 않지만 대등하다. 아들러는 다음과 같이 말했다.

"인간의 분업은 남녀의 분업으로부터 시작되었다(『인간 이해Menschenkenntnis』)."

그리고 이 분업은 '편견이 전혀 없는 기준'에 따라 이루어져야 한다고 말했다(이 기준은 사회와 시대에 따라 달라져야 한다).

전통적인 여성의 역할에 극단적으로 불만을 나타내는 여성은 독신주의를 표방하며 결혼이라는 인생의 과제에서 벗어나려고 한다. 결혼을 하지 않으려는 핑계로 일에 몰두하며 남성과 치열하게 경쟁한다. 아들러는 결혼이 중요한 인생의 과제이기 때문에 여성이 일을 한다는 핑계로 결혼하지 않는 것이 안타깝다고 이야기했지만, 이는 오늘날에는 받아들이기 힘든 생각일지도 모른다.

　아들러는 체념하는 마음으로 여성의 역할을 받아들이는 사람도 있다고 지적했다. 게다가 '나는 여성이기 때문에 열등하다. 남성만이 유능한 일을 할 수 있다'라고 생각하는 사람도 있다. 이런 여성은 스스로 해야 하는 일마저 남성에게 떠맡기려고 한다.

　놓치지 말아야 할 점은 아들러가 결혼이라는 인생의 과제를 직업의 과제와 교제의 과제보다 난이도가 높은 과제라고 생각한 데 주목해야 한다. 남녀가 협력해서 살아간다는 것이 결혼 생활을 원활하게 만들기 위한 중요한 요건이라고 할 수 있다.

　오늘날 부부가 맞벌이를 하는 경우는 흔한 일이다. 맞

벌이를 하지 않으면 생활을 꾸려나가지 못할 지경이기도 하다. 남녀가 똑같이 바깥일을 하는데도 남성이 집안일이나 육아에 협력하지 않는다면 너무나 불공평해 보인다.

결혼을 위한 준비

...

남녀가 결혼할 준비가 되었는지 알기 위해서 독일에서는 다음과 같은 테스트를 한다고 아들러는 보고했다(『삶의 과학The Science of Living』).

남녀에게 손잡이가 두 개 달린 톱을 건네고, 서로 양끝을 맞잡도록 한다. 가족과 친척들이 지켜보는 가운데 남녀는 나무의 그루터기를 자른다. 상대방을 신뢰하지 않는다면 서로 톱을 잡아당기기만 할 뿐 그루터기는 잘리지 않을 것이다. 또한 한 사람이 주도권을 쥐고 혼자서만 자른다면 둘이 협력해서 자를 때보다 시간이 두 배는 걸릴 것이다. 상대방에게 관심을 갖고 상대방의 움직임에 맞춰야만 제시간에 그루터기를 자를 수 있다. 두 사람이 서로의 마음을 읽을 수 있는지를 살펴보는 테스트라고 할 수 있다.

하지만 결혼할 준비가 되었는지는 이런 특별한 테스트를 하지 않아도 알 수 있다.

아들러는 "아무런 이유 없이 데이트 시간에 늦는 애인을 믿지 말라"라고 말했다(『삶의 과학The Science of Living』). 이는 다른 인생의 과제와 마찬가지로, 과제를 앞에 두고 '망설이는 태도'를 드러내는 것이기 때문이다.

이상적인 결혼 상대를 만나지 못한 사람은 정말로 이상적인 사람이 주변에 없을지도 모르지만, 아들러는 사랑과 결혼의 과제를 앞에 두고 망설이기 때문에 아직까지 짝을 찾지 못한 것일 수도 있다고 생각했다.

아이를 갖는 것이 두려워서 결혼을 피하는 사람도 있다. 아이를 키우기가 힘들 것 같아서 처음부터 결혼하지 않기로 마음먹는 사람도 있다. 결혼하고서도 남들에게 의존하고 싶어하는 사람은 자신이 낳은 아이가 주변의 사랑을 독차지하는 것이 싫어서 아이의 탄생을 기뻐하지 않을 수도 있다.

또 출산으로 인해 몸매가 망가지는 게 싫은 사람도 있고,

출산과 육아의 고통을 여성만 떠안아야 한다는 데 불만이나 열등감을 품는 사람도 있다.

그런데 이는 파트너와의 협력으로 해결할 수 있는 문제이며, 여성만이 육아를 담당해야 한다는 법도 없다. 어쩌면 출산과 육아의 고통을 핑계로 삼아 결혼을 회피하려는 것일지도 모른다.

한편, 태어난 아이를 애완동물처럼 여기고 자신의 즐거움을 위해 아이를 낳고 싶어하는 사람도 있다. 그런 자기중심적인 생각을 가진 사람 역시 결혼할 준비가 되어 있지 않다고 할 수 있다.

또한 아들러는 친구가 없거나 친구를 잘 사귀지 못하는 사람, 그리고 직업이 없는 사람도 결혼할 준비가 되어 있지 않다고 보았다.

아들러는 경제적인 안정이 결혼의 필수적인 요소라고 주장하려는 것이 아니다. 설령 경제적으로 안정되지 않아도, 두 사람이 노력하려는 자세가 더 중요하다고 여겼다. 나 역시 복권에 당첨되는 요행만을 바라며 아무런 일자리도 찾아보지 않으려는 사람은 결혼할 준비가 되어 있지 않다고 생각한다.

이처럼 결혼의 과제는 다른 과제와 특별히 다르지 않다. 남녀 가운데 한쪽이 상대방을 늘 가르치려 들거나, 상대방을 항상 비판한다면 결혼할 준비가 되어 있지 않은 증거라고 아들러는 말했다. 어느 한쪽이 상대방을 늘 가르치려 드는 것은 대등한 관계라고 할 수 없기 때문이다.

결혼은 두 사람의 과제다. 우리는 혼자서 해결하는 과제나 여럿이서 해결하는 과제에 관해서는 교육을 받지만, 두 사람이 풀어야 하는 과제에 관해서는 교육을 받지 않는다.

물론 처음부터 두 사람이 순조롭게 협력하지 못할 수도 있다. 실패를 거듭하면서 서로의 라이프스타일을 알아내고, 서로가 대등하다고 인식하면서 결혼 생활에서 맞닥뜨리는 문제에 대처해가는 노력을 한다면 결혼이라는 과제를 적절하게 해결할 수 있을 것이다.

앞서 말했듯이 서로 공감할 수 있다면 라이프스타일의 차이는 커다란 문제가 되지 않는다. 오히려 라이프스타일이 서로 달라야 더 나은 결혼 생활을 할 수 있을지도 모른다.

상대방을 자신과 완전히 다르게 느끼고, 완전히 다르게

생각한다면 처음에는 당황스러울 수 있다. 하지만 상대방이 자신과 다른 생각과 느낌을 갖고 있다는 사실은 지금까지 몰랐던 새로운 시각을 지닐 기회이며, 이것이 인생을 더욱 풍요롭게 만들어줄 것이다.

남의 과제에
간섭하지 않는다
...

결혼은 두 사람이 결정하는 일이다. 하지만 주변에서 그 결혼을 반대하는 사람도 있을 수 있다.

결혼의 결말이 최종적으로 누구에게 영향을 미치는지, 혹은 누가 최종적으로 결혼의 책임을 지는지 생각한다면 결혼이 결국 누구의 과제인지는 자명하다.

예를 들어 공부는 공부하는 사람 본인의 과제이지, 다른 사람의 과제가 아니다. 결혼도 마찬가지로 결혼하는 당사자 두 사람의 과제이기 때문에 다른 누군가가 반대해도 두 사람이 스스로 결혼에 관해 책임을 질 수밖에 없다.

비록 부모가 반대하더라도 부모의 뜻에 따라서는 안 된다. 결혼에 반대한 부모가 자식의 인생을 책임질 수는 없는 노릇이다. 아무리 결혼 후의 생활이 잘되지 않더라도 결혼한 두 사람이 걱정할 일이지, 부모가 걱정할 일이 아니다. 결혼 전에 부모가 간섭해봤자 두 사람에게 행복을 가져다주지 못한다. 부모의 반대로 두 사람이 결혼을 단념하면 부모의 책임은 막중해진다.

부모의 반대를 무릅쓰고 결혼했다가 부모의 예상대로 두 사람 사이에 불화가 생겨도 부모에게 반발심을 지닌 자식은 불행한 결혼 생활을 억지로 이어가려고 할지도 모른다.

여기에서는 결혼을 예로 들었지만, 일반적으로 행복하게 살아가려면 남의 과제에 일체 간섭해서는 안 된다.

대인관계에서의 갈등은 쓸데없이 남의 과제에 간섭할 때 일어나기 마련이다. 그러므로 특별히 부탁을 받지 않는 한 아무것도 하지 않는 것이 최선이다. 남의 과제를 어떻게든 도와주고 싶다면 먼저 "내가 도와줄 수 있는 게 없을까?" 하고 물어보고, 도움을 사양한다면 그냥 옆에서 지켜보는 게 현명하다.

열등감의 극복

...

이제부터는 '직업의 과제'에 관해 살펴보기로 하겠다.

우리는 일하지 않으면 살 수 없다. 개인의 차원에서뿐 아니라 인류의 존속을 위해서도 모든 사람은 일을 하며 사회에 공헌해야 한다. 아무 일도 하지 않고도 필요한 것들을 모두 손에 넣을 수 있다면 게으름이 미덕이고 근면이 악덕이라고 하겠지만, 이 세상에는 일하지 않고 모든 것들을 손에 넣을 수 있는 사람은 없다. 따라서 우리는 일하고 서로 협력하며 사회에 공헌해야 한다.

아들러는 다음과 같이 말했다.

"누군가가 신발을 만든다면 그는 남에게 유용한 사람이다. 사회에 도움이 된다는 감각을 얻을 수 있고, 이런 감각이야말로 열등감을 완화할 수 있다(『살아가는 의미를 찾아Der Sinn des Lebens』)."

집안일도 직업의 과제라고 할 수 있다. 집안일은 매우 고도의 전문성이 요구되는 일이다. 집안일을 하면서 다른 가족 구성원에게 공헌한다고 느낀다면 설령 고맙다는 말을 듣지 않아도 충분하다.

사실 모든 일은 꼭 자신이 아니더라도 할 수 있는 사람이 널려 있다. 자신이 아니면 할 수 없는 일이라는 자부심을 느끼려면 자신이 이 일을 함으로써 남들에게 도움을 준다는 의식을 지니는 것이 중요하다.

간호사는 병원에서 수많은 환자를 접하지만, 환자의 입장에서는 입원이라는 비일상적인 경험 속에서 접하는 단한 명의 간호사가 자신의 인생을 바꿀 수도 있다. 그런 자부심을 지니고 업무에 임한다면 일은 더 이상 괴롭고 힘든것만은 아니다.

할 수 있다고 생각하기 때문에
할 수 있다
···

자부심을 갖고 업무에 임하더라도 사실 달성하기가 매우 어려운 일도 있다. 그런 일과 마주치면 처음부터 포기해버리는 경우가 많다.

고대 로마의 시인인 베르길리우스Publius Vergilius Maro
는 "사람들이 모든 일을 해내는 것은 할 수 있다고 생각
하기 때문이다"라고 말했다(『아이들의 교육The Education of
Children』). 이는 단순히 하면 된다는 이야기가 아니다. 아
들러는 자신을 과소평가하는 위험에 관해 설명하기 위해
베르길리우스의 말을 인용한 것이다. 자신을 과소평가하
면 '더 이상 따라갈 수 없다'고 믿어버리게 된다. 그러면
그것이 평생의 고정관념으로 작용해 더는 발전할 수 없게
되고, 늘 제자리걸음만 하게 된다. 그러나 할 수 없다는
고정관념을 버리면 발전할 수 있는 경우가 대부분이다.

스스로 아무것도 할 수 없다고 믿는 열한 살 소년에게
아들러는 다음과 같이 카운슬링을 해주었다.

아들러 수영을 해본 적은 있니?

로버트 네.

아들러 처음에는 물에 뜨기도 어려웠다는 사실을 기억
하니? 지금처럼 멋지게 수영할 수 있게 되기까지
많은 시간이 걸렸을 거야. 무슨 일을 하든 처음에

는 다 힘들어. 하지만 얼마 지나면 잘할 수 있게
돼. 집중하고 인내해야 해. 무엇이든 엄마가 해
줄 것이라는 기대는 하지 마. 나는 네가 스스로
할 수 있다고 확신해. 다른 사람이 너보다 잘한다
고 해도 걱정할 필요 없어.

여기에서 아들러는 "무엇이든 엄마가 해줄 것이라는 기
대는 하지 마"라고 말함으로써 자신의 과제는 기본적으로
스스로 할 수밖에 없다는 점을 분명히 했다. 물론 남의 도
움이 필요한 경우도 있겠지만.

경쟁하지 않는다
...

아들러는 또한 "다른 사람이 너보다 잘한다고 해도 걱정
할 필요 없어"라고 말했다. 현대사회에서는 자신을 다른
사람과 비교하며 경쟁하는 것이 당연한 듯 여겨지지만, 아
들러는 경쟁이 당연한 일이라고 생각하지 않았다. 경쟁은

다른 사람을 동료로 볼 수 없게 만들기 때문이다. 남들을 동료로 보지 않으면 남들과 협력하고 남들에게 공헌하기가 힘들어진다. 남들보다 자신이 우월하다고 과시하기 위해 일하는 사람, 경쟁함으로써 남들의 인정을 받으려는 사람은 남들에게 공헌하는 것만을 생각하는 사람과 달리 타인에게 관심이 없고 오로지 자신에게만 관심을 기울인다. 생각해보면 사회 전체를 보더라도 경쟁에서 이기는 사람이 있다는 것은 경쟁에서 지는 사람도 있다는 뜻이기 때문에 전체적으로는 플러스마이너스 제로다.

어떤 대인관계에서도 경쟁에서 진 사람은 정신적 균형이 무너지고 만다. 그렇다고 해서 경쟁에서 이긴 사람이 정신적으로 안정되어 있다는 건 아니다. 적에게 지든 이기든 경쟁이 계속되는 한 안심할 수 없기 때문이다. 경쟁에 몰린 사람에게는 다른 사람은 적일 뿐이고, 이 세상은 위험으로 가득하다. 정말로 뛰어난 사람은 자신이 뛰어나다는 사실을 굳이 증명할 필요가 없다. 자명한 사실은 따로 증명할 필요가 없기 때문이다. 이를 굳이 증명해야만 하는 사람은 '내가 과연 뛰어난 사람일까?' 하는 의문에 사로잡

히기 마련이다. 다른 사람을 끌어내리고 자기만 행복해질 수는 없다는 생각이 아들러의 기본적인 개념이다. 나만 이기면 괜찮다고 생각하거나, 자신의 우월함을 남에게 과시하거나, 결과만을 중요시하는 것이 문제다.

어려운 일을 극복하는 힘이 아니라, 눈에 보이는 성공에만 관심을 기울이는 사람이 많다. 하지만 아들러의 말마따나 "노력을 거의 들이지 않고 얻은 성공은 쉽게 사라진다(『아이들의 교육The Education of Children』)."

돈만 있으면 무엇이든 할 수 있다고 생각하는 사람도 있다. 직접적으로 말을 하지 않더라도 속으로는 돈만 있으면 행복해질 것이라고 생각하는 사람도 부지기수다.

하지만 요행으로 벼락부자가 된 사람이 오히려 자신의 몸을 망가뜨리고 그 후 결코 행복하다고 할 수 없는 인생을 보내는 이야기도 흔히 들을 수 있다. 돈 자체가 문제가 아니라, 돈을 사용하는 사람이 문제다. 돈을 제대로 사용하는 방법을 모르면 단지 돈이 많다는 것만으로 저절로 행복해지지는 않는다.

우치무라 간조內村鑑三는 『후세에 물려줄 가장 큰 유산』

이라는 책에서 미국의 금융업자인 제이 굴드Jay Gould의 이름을 언급한 적이 있다. 우치무라는 생전에 후세에 물려줄 유산의 후보 가운데 돈을 첫 번째로 꼽았다. 당시 일본 기독교 전도사들과는 달리 특이하게도 우치무라는 돈을 폄하하지는 않았다. 하지만 그렇다고 수단과 방법을 가리지 않고 돈을 벌어들이라는 뜻은 아니다. 우치무라는 제이 굴드가 친구를 네 명이나 자살하게 만들면서까지 여러 회사를 무너뜨려서 2천만 달러를 끌어모은 일화를 언급하며, 제이 굴드가 그 돈을 자선단체에 기부하지도 않고 자신의 자식에게 그대로 물려주고 죽었을 뿐이라고 지적했다.

아들러의 말을 빌리자면, 야심이라는 개인적인 우월성을 추구하기 위해서만 돈을 사용하는 것이 문제다.

좋아하는 일을 할 때는
노력이 필요 없다
…

젊었을 때 공부를 하지 않은 것이 후회된다는 사람이 있는데, 혼동해서는 안 될 점이 있다. 나는 피아니스트를 지망하는 고등학생에게 영어를 가르친 적이 있었다. 그녀는 세 살부터 피아노를 치기 시작했다. 어느 날 그 아이에게 물어보았다.

"지금까지 피아노를 그만두겠다고 생각한 적은 없니?"

"한 번도 없어요."

"피아노 연습이 힘들었던 적은 없어?"

"(단호하게)한 번도 없어요."

그녀는 억지로 피아노를 치지 않았다. 즐겁게 피아노를 칠 수 있는 환경에서 피아니스트의 길을 걷겠다는 결심을 한 것이다. 좋아하는 일이라면 노력은 결코 고통이 아니다. 교사나 부모는 공부든 음악이든 이를 악물고 해야 하는 괴로운 일이라고 생각해서 노력하는 즐거움을 잊어버린 듯하다.

끊임없이 보는 시험 때문에 공부에서 즐거움을 느끼지 못했다는 사람도 있겠지만, 모르던 지식을 배우는 것은 원래 즐거운 일이라고 나는 생각한다.

공부가 어려워서 즐거움을 느끼지 못한다면 스스로 한

계를 그어버리고 할 수 없다고 생각해버리기 마련이다. 이런 한계는 외부에서 주어지는 것이 아니라, 자신이 스스로 만들어내는 것이다.

피아니스트든, 공부하는 학생이든, 매일같이 업무에 매진하는 회사원이든, 남들에게 공헌하겠다는 목표가 있다면 힘을 낼 수 있다. 만일 남들과 경쟁하는 데만 관심이 있다면 공부든 일이든 괴로우면 쉽게 포기해버리고 만다.

'일'은 영어로 'Calling', 독일어로 'Beruf'라고 하는데, 이는 신으로부터 부여받은 '천직'이라는 뜻이다. 외부에서 강요받거나 남들과 경쟁한다는 의미가 아니라, 아무도 간섭할 수 없는 인간의 내면에서 촉발되었다는 뜻이라고 생각할 수 있다.

릴케Rainer Maria Rilke는 젊은 시인에게 "당신의 밤 가운데 가장 고요한 시간에 시를 쓰지 않고는 못 배기는지 스스로에게 물어보시오"라고 요청했다고 한다(『젊은 시인에게 보내는 편지Briefe an einen jungen Dichter』). 이 물음에 대해 '시를 쓰지 않고는 못 배깁니다'라는 대답을 할 수 있다면 "시를 쓴다는 필연성에 따라 생활 계획을 세우시오"라고 말했다. 공명심이나 명예심으로 시를 쓴다는 것은 릴케로서는 상상할 수 없는 일이었다.

실패를 두려워하지 않는다
...

자신에게 주어진 과제를 수행하면서, 남들에게 어떻게 공헌할 수 있는지만을 생각하는 사람은 실패를 두려워하지 않는다. '실패하면 어떤 평가를 받게 될까?' 하는 걱정도 하지 않는다.

실패를 두려워하는 사람은 실제로 결과를 내지 못한 채 "마음만 먹으면 할 수 있는데……" 하며 미래의 가능성만 이야기한다. 평가를 두려워하고 회피하기 위해 결과를 내지 않겠다는 것은 자신에게만 관심을 기울이는 사람이 하는 행동이다. 타인에게 관심이 있는 사람이라면 과제가 주어졌을 때 할 수 있는 일부터 조금씩 시작한다.

아들러는 이를 '불완전한 용기' '실패할 용기'라고 불렀다. 실패해도 괜찮다는 이야기는 아니지만, 실패를 두려

위한 나머지 과제를 아예 수행하지 않는 것보다는 조금씩이라도 과제를 수행하는 것이 중요하다.

실패를 두려워하는 사람은 과제를 앞에 두고 망설이는 태도를 취한다. "네, 하지만⋯⋯"이라고 말하며 일단은 과제에 임하겠다는 의사를 표명하지만, 뒤이어 할 수 없는 핑계를 찾아내려고 한다. "하지만⋯⋯"이라는 변명 없이 과제에 임하면 할 수 없다고 믿었던 일도 할 수 있게 되는 경우도 있고, 과제를 달성하는 능력의 유무를 살펴보기도 전에 스스로 제한을 걸어버렸다는 사실도 깨닫게 된다.

여기에서 말하는 실패는 직업의 과제뿐 아니라 다른 대인관계의 과제에도 해당되는 말이다. 실패와 좌절감은 인생을 살다 보면 어쩔 수 없이 겪는 일이다. 사람은 실패를 하지 않고는 아무것도 배울 수 없으며, 교우관계에서든 연애관계에서든 자신의 생각이 상대방에게 전달되지 않거나 오해받거나 때로는 말다툼을 하게 되는 경험이 성장의 밑거름이 된다.

이런 경우 다른 사람은 자신에게 저항하는 존재로 나타나지만, 이 세상에 자신의 생각대로 움직여주는 사람은 존재하지 않음을 깨달음으로써 공감 능력을 기를 수 있고, 자기중심적인 세계관에서 벗어나는 데 커다란 힘을 얻을 수 있다.

기 싸움을 그만둔다
...

경쟁하지 않으려면 기 싸움도 그만두어야 한다. 물론 자신은 기 싸움을 하지 않으려고 해도 상대방이 싸움을 걸어올 수도 있다. 기 싸움에서 이기더라도 이로 인해 상대방과의 관계가 끝나버리면 아무런 의미가 없다.

기 싸움에서의 초점은 누가 더 옳으냐를 떠나, 그들을 둘러싼 대인관계로 이동한다. 옳고 그름을 가리는 것은 애초에 이기고 지는 문제가 아니다. 어떤 주장을 하더라도 그것이 틀렸다는 사실이 밝혀지면 인정하면 될 뿐인데, 틀렸다는 사실을 인정한다는 것을 자신의 패배로 간주하는 사람도 있다.

그렇다면 지고 싶지 않다는 생각이 앞서 결국에는 자신

의 잘못을 알아차려도 자신에게 불리한 결단을 하려고 하지 않는다.

문제 해결을 가장 우선시하는 사람이 있는 반면, 문제 해결보다는 그것을 둘러싼 대인관계를 더 우선시하는 사람도 있다. 이런 사람은 문제를 해결하는 일 자체에는 그다지 관심이 없으면서도 문제 해결 절차에는 고집을 피운다.

예를 들어 자신도 모르는 사이에 일이 진행되어 사후에 승낙하는 것을 불쾌하게 생각하는 사람이 있다. 그런 사람은 합리적인 해결 방법이라도 자신이 결정하지 못한 데 대해 화를 낸다.

이런 사람은 자신에게 불리한 일에서도 지고 싶지 않다고 생각해서 자신의 생각을 고집하거나, 혹은 문제 해결을 위해서 양보해서는 안 되는 것이라도 상대방과의 관계를 해칠까 봐 자신의 생각을 주장하지 않는다.

이처럼 문제 자체가 아니라 대인관계를 중시하는 사람과 어떤 갈등이 생겨서 난처하다는 사람이 카운슬링을 받으러 오는 경우가 많다. 이 경우에는 내담자에게 대인관계가 아니라 문제 해결을 중시할 수 있도록 도와준다.

예를 들어, 결혼 상대를 선택하는 일은 결혼 당사자의 과제이지 부모의 과제는 아니다. 부모가 뭐라 해도 기본적으로는 당사자가 스스로 판단해서 결정 내려야 한다.

한편 부모와 대화하는 중에 자신의 생각이 틀렸다는 사실을 깨달았을 때는 부모에게 졌다고 생각하지 말고, 그저 자신의 잘못을 인정하면 된다. 그렇게 하지 못하는 이유는 문제 해결이 아니라 문제 해결을 둘러싼 대인관계를 중요시하고, 자신의 잘못을 인정하는 것이 패배라고 생각하기 때문이다.

기 싸움을 그만두지 못하고 옳고 그름을 따지며 상대방을 이겨 먹으려고 한다면 상대방은 복수를 시작하게 된다. 복수의 단계에 들어가면 화가 나기에 앞서 왜 이런 사태에까지 이르렀나 싶어 씁쓸함을 지울 수 없을 것이다.

카운슬링 내담자 가운데 7년 반 동안이나 매일 밤 아무 말도 하지 않는 전화를 받았다는 교사가 있었다. 어느 날 문득 한 제자의 얼굴이 교사의 머릿속을 스쳐 지나갔다. 예전에 크게 다투어 안 좋은 감정을 지니고 헤어졌던 제자였다. 매일 밤 전화를 걸어오는 사람이 어쩌면 그 제자가

아닐까 싶었던 것이다. 그날 밤에도 여느 날과 같이 전화
벨이 울렸다. 수화기를 들었지만 상대방은 여전히 말이 없
었다. 그 교사는 과감히 말을 걸었다.

"○○야."

수화기 너머로 대답이 들렸다.

"네."

스승과 제자의 관계가 복수의 단계까지 이르렀음을 깨
닫고 교사는 마음이 아팠다.

그나저나 그 교사는 너무 둔감한 게 아니었을까? 제자
가 7년 반 동안이나 전화를 걸어놓고 아무 말도 하지 못했
는데, 그동안 뭔가 적절한 대처를 할 수는 없었을까 싶어
안타까움을 금치 못했다.

주장하자
...

자신이 원하는 일, 원하지 않는 일을 확실한 말로 표현
한다면 굳이 복수를 할 필요도 없다. 명령하지 말고 부탁

하는 방식으로 자신이 원하는 바를 주장해야 한다. 그런데 남들과의 관계는 대등하기 때문에 상대방에게는 부탁을 거절할 권리가 있다. 그런 경우에는 물러날 수밖에 없다.

그러나 대부분의 경우에는 적절한 방법으로 부탁하기가 쉽지 않다. 거칠고 위압적인 목소리로 말하거나 거만한 어투로 이야기하면 상대방은 옳은 말이라도 인정하고 싶어지지 않는다. 인정하면 패배라고 생각하기 때문이다.

그렇게 되지 않도록 조심하면서 확실한 말로 주장을 하고, 또 거절당하더라도 감정적이 될 필요는 없다. 마음속의 분노가 목소리를 거칠게 만드는 것이 아니다. 오히려 상대방이 자신의 생각을 인정하도록 만들기 위해, 또 상대방을 움직이려는 목적을 달성하기 위해 분노라는 감정을 이용하는 것이다. 그렇게 하면 상대방은 두려움을 느끼고 말을 잘 들을지도 모르지만, 분명히 기분은 상할 것이다.

분노를 통해 다른 사람을 움직이는 데 성공한 사람은 그것이 그 사람과의 관계를 악화시킬 것이라고는 생각지도 못하고, 분노를 대화에 사용하기를 멈추지 못한다. 분노 외에는 주장하기 위한 다른 방법을 모르는 사람은 조금 더

화를 내면 상대방이 마음을 바꾸고 자신의 말을 들을지도 모른다는 희망을 버리지 못하는 것이다.

그러나 감정적이 되어 보란 듯이 소리 지를 필요는 없다. 무엇을 해주기 원하는지, 혹은 무엇을 하지 않기 원하는지를, 적어도 자신이 화가 났다는 사실을 정확한 말로 전달하기만 하면 된다. "지금 당신의 말에 화가 났습니다"라는 식으로 차분하게 말하면 그만이다.

사람 사이를 갈라놓는
분노
...

대화가 잘될 때는 상대방이 가깝게 느껴지지만, 반대로 싸움을 해서 감정적이 될 때는 상대방이 멀게 느껴진다. 그럴 때는 상대방을 있는 그대로 받아들이기 힘들다.

연애의 경우에는 사랑이라는 감정이 어느 날 갑자기 마음속에 싹트고 상대방과 대화가 잘되는 순간에 그를 좋아하는 감정이 생기는데, 분노의 감정이 두 사람 사이에 들어가면 더 이상 사랑은 존재하지 않게 된다.

그렇게 되면 상대방과 사이좋게 지내고 싶은데도 분노의 감정 때문에 거리가 멀어지고, 원래 바랐던 바를 달성할 수 없게 된다. 거리가 멀어지면 자신의 주장이 받아들여지지 않고, 설령 받아들여졌다고 해도 상대방의 기분은 이미 나빠질 대로 나빠진 상태다. 상대방과의 심리적 거리가 멀어지면 옳은 주장일수록 상대방의 주장을 인정하고 싶지 않게 되고, 결국 받아들이기 힘들다.

아들러는 분노는 사람 사이를 갈라놓는 감정이라고 말했다(『인간 이해Menschenkenntnis』). 무언가를 상대방에게 주장하고 관철시키려면 관계를 개선하고 거리를 좁힐 필요가 있다. 분노는 그런 의미에서는 유용하지 않다.

나는 아버지에게 거친 말을 내뱉은 일이 있었다. 아버지가 내 인생에 간섭했을 때 나는 태어나서 처음으로 아버지에게 큰소리로 대들었다. 그런 용기가 어디서 났는지 스스로도 놀라웠고, 이내 부끄러워졌다. 그래서 나는 아버지에게 이렇게 말했다.

"아버지가 너무 강압적으로 말하는 것처럼 느껴져서 그

랬어요."

아버지가 내 말을 이해했는지는 잘 모르겠지만, 이렇게 대답했다.

"내 말투가 좋지 않았던 것 같구나."

그 후로 아버지는 온화한 말투로 그때까지 듣지 못했던 아버지의 젊은 시절 이야기를 들려주었다.

책임을 다한다는 것
...

지금까지 살펴본 인생의 과제에 정면으로 마주하지 않고 될 수 있으면 회피하려는 사람이 많은 듯하다. 그러나 인생의 과제는 스스로 해결할 수밖에 없다. 인생의 과제에 직면했을 때 그 과제에서 도망치지 말고, '내가 해결하겠다'라고 말할 수 있는 사람은 책임감 있는 사람이라고 할 수 있다.

비록 인생이 생각대로 되지 않고 도망치고 싶더라도, 자신의 인생이므로 주어진 인생의 과제를 풀 사람은 자기 자신밖에 없다. 그것이 각자가 받아들여야 하는 '책임'이다. 책임은 영어로 'Responsibility'라고 하는데, 이는 '응답하는 능력'이라는 속뜻을 지닌다. 그렇다면 여러 가지 핑계를 내세우며 인생의 과제에서 도망치려 하지 말고 '내가 해결하겠다'고 말하는 응답이 책임을 다하는 자세라고 할 수 있다.

과제를 회피하기 위해 지금의 처지를 남 탓으로 돌리거나 과거의 이런저런 사건 탓으로 돌리는 등 여러 가지 핑계를 내세우지 말고, 자신의 인생에 책임을 가져야만 행복하게 살아갈 수 있다.

물론 누구나 말로는 책임을 다해야 한다고 쉽게 얘기하지만, 정작 실천하기는 쉽지 않다.

예를 들어, 남에게서 미움받기를 두려워해서 그 사람의 말을 그대로 따르는 사람은 자신이 옳다고 믿는 바를 주장하는 책임을 다하지 못하는 셈이다. 자신의 생각을 주장하고 양보하지 않으면 대부분의 경우 다른 상대방과의 마찰을 피할 수 없다.

이때 많은 사람들의 반대에 직면하더라도 자신이 옳다

고 생각하는 주장에 따르는 책임은 남에게서 미움받을 각오까지 포함하는 것이다. 남들의 평가에 신경 쓰지 않고 미움받기를 두려워하지 않는 것이야말로 자유롭게 살기 위한 핵심 요소다.

견해가 서로 다르면 자신을 미워하는 사람이 있기 마련이고, 이것이 자유롭게 살고 있는 증거이기도 하다. 자유롭게 살기 위해 지불해야 하는 대가라고도 할 수 있다.

누구에게나 웃는 얼굴로 대하고 남들의 의견을 그대로 따르는 사람은 모두에게 호감을 받을 수는 있겠지만, 거짓의 가면이 들키는 순간 주변의 사람들은 모두 떠나게 된다. 자신만의 생각은 없고 남들의 생각에 영합하려는 사람은 어찌 보면 자신의 발언에 책임을 지지 않기 때문에 무책임한 사람이라고 할 수 있다.

자식의 과제는 자식이 해결해야 하며, 자신의 판단으로 선택한 것에 따른 책임을 져야 한다. 아무리 자식의 선택이 부모의 감정을 거스른다고 해도 그것은 부모로서 어쩔 수 없이 감당해야 할 몫일 뿐, 자식은 부모를 위해 할 수 있는 일이 아무것도 없다.

자식의 결단으로 부모가 슬픔에 빠져도, 그 슬픔은 부모가 스스로 해결해야 하며, 부모를 슬프게 하고 싶지 않다는 이유로 자식이 자신의 결정을 포기해서는 안 된다.

'분위기 파악을 해라'라는 말을 자주 듣는데, 이 말은 결국 자신의 생각이 있어도 입 밖으로 꺼내지 말고 그 자리의 흐름에 맡기라는 뜻이므로 무책임한 말일 수 있다. 분위기 파악을 하라고 하는 이유는 협조성만이 중시되기 때문이다. 침묵하라는 압력이 가해져도 뭔가 이상하다고 생각되면 용기를 갖고 자신의 주장을 꺼내야 한다. 그러면 당연히 그 자리의 분위기를 어느 정도는 해치겠지만, 아무것도 주장하지 않거나 간접적으로 주장한다면 자신의 생각을 아무도 알 수 없다. 예를 들어 간접적으로 주장한다는 것은, 더운 날에 에어컨을 틀어주기를 바랄 때 "에어컨을 틀어주세요"라고 직접적으로 말하지 않고, "오늘 날씨가 덥네요"라고 말하는 식이다.

간접적으로 말해도 상대방이 알아차릴 수도 있겠지만 자신의 의사가 제대로 전달되지 않을 수도 있으므로, 중요한 일은 간접적으로 말하지 않는 편이 좋다.

마찰을 일으키더라도, 혹은 이해받지 못할 가능성이 있더라도, 일단 자신의 주장을 펼치는 것이 대인관계를 더욱 좋게 만들기 위한 돌파구가 된다.

필요한 일임에도 마찰을 피하기 위해 침묵한다면 그 사람은 자신에게만 관심을 기울이는 사람이 된다. 무언가를 주장하면 그에 반대하는 사람도 있을 테지만, 필요한 일을 주장한다는 것은 다른 사람에게도 공헌하는 일이 될 수 있다.

공헌한다는 느낌을
지닌다는 의미
...

나는 지금까지 '공헌'이라는 말을 사용했는데, 눈에 띄는 공헌을 할 수 없는 사람도 분명히 있다.

이에 관해서는 앞에서 부모의 입장에서 자식이 존재하는 것만으로도 삶의 큰 위안이 된다는 예를 들며, 특별한 일을 하지 않더라도 존재 자체가 이미 공헌하는 것이라 설명한 바 있다. 실제로 공헌하지 않더라도 '공헌한다'는 느낌을 지닌다는 의미에 관해 다음 장에서 생로병사를 다룰 때 더 자세히 고찰하겠다.

이번 장에서는 직업의 과제에 대해 설명했는데, 일을 잘하지 못하는 사람도 분명히 있다. 일은 생산적이지만, 생산적인 것만이 인생의 가치라고는 할 수 없다.

예전에 정신과 데이케어 센터의 직원으로 일할 적에 내 업무는 환자들과 함께 쇼핑을 하거나 점심 식사를 준비하는 일이었다. 나는 건강한 사람들과 함께 쇼핑과 요리를 했지만, 데이케어 센터의 환자는 대부분 몸 상태가 안 좋아서 음식 만드는 일을 도와주지 못하고 누워만 있었다. 그러나 음식을 만드는 사람들은 전혀 개의치 않고 다들 즐거운 표정으로 요리에 힘썼다.

식사 준비가 끝나면 요리를 도운 사람이나 돕지 않은 사람이나 모두 한데 모여 식사를 했다. 요리를 도와주지 않았기 때문에 식사를 해서는 안 된다고 말하는 사람은 없었다. 언젠가 자신의 몸 상태가 나빠져서 더 이상 요리를 도와주지 못할 수도 있기 때문에, 건강할 때 식사 준비를 하는 것이 당연하다는 암묵적인 동의가 있었다고 생각한다. 우리 사회도 이런 식으로 서로를 배려하는 시스템이 작동한다면 좋을 것이라고 생각한다. 생산적이지 않으면 가치가 없다는 생각은 재고할 여지가 있다.

우리는 항상 일만 하고 살지 않는다. 놀고 즐기는 것도 중요하고 꼭 필요한 일이다. 일이 인생의 생산적인 부분이라면, 놀이는 비생산적인 부분이다. 놀이에 관해서는 제5장에서 살펴보겠다.

제 4 장

나이듦을 행복하게 마주하기

"내가 생각하기에 인간이라면 누구나
후세에 남겨줄 수 있는 유산이 있다.
이 유산은 이익만 있고 손해는 없다.
그것은 바로 용감하고 고상한 생애다."

나이듦을 자각함으로써
얻을 수 있는 것
...

젊었을 때는 늙는다는 것이 자신과 상관없는 일처럼 여겨진다. 하지만 젊은 사람이라도 병에 걸리거나 장애가 생기면 신체 능력이 상실되면서 급격한 노화를 경험하기도 한다.

나는 쉰 살 때 심근경색으로 쓰러졌다. 심근경색은 심장 혈관이 노화하면서 발생하는 병이다. 노화 현상으로 동맥이 경화되고 막히는데, 이런 변화는 불가역적이므로 원래 상태로 되돌릴 수 없다. 심근경색에 의해 괴사된 심장 근육도 원래 상태로 되돌아가지 않는다.

이런 심각한 병에 걸리지는 않더라도 사람은 언젠가는 노화가 시작된다. 다만, 신체의 노화와 무관하게 자신이 나이 들었다고 느끼는 때는 사람마다 다를 것이다. 나의 아버지는 도저히 젊다고는 할 수 없는 나이에도 전철에서 자리를 양보받는 것을 싫어했다.

나이가 들면 이가 약해지고, 노안이 생기고, 몸이 쇠약해져서 늙어가는 것을 실감할 수 있게 된다. 신체가 쇠약해질 뿐 아니라 나이가 들수록 건망증도 심해진다. 물론 건망증은 젊었을 때도 경험하긴 하지만, 나이가 들면 그 빈도가 늘어나고 중요한 일을 잊어버려서 업무에 지장을 줄 정도로 심해진다. 이런 기억 능력이 쇠퇴한다는 것은 꽤 심각한 문제다.

나의 아버지는 일찌감치 건망증이 심해져서 "잊어버렸다는 사실을 알아차리면 그나마 낫지, 어쩌면 나 혼자만 잊어버렸다는 사실조차 깨닫지 못하는 것일 수도 있겠어"라는 말씀을 할 정도였다. 결국 아버지는 알츠하이머형 치매에 걸려 잊어버린다는 공포조차 의식할 수 없게 되었다.

나이가 들었다고 이런 기억장애가 반드시 일어나는 것은 아니지만, 잊어버리는 일이 많아지면 젊었을 때부터 치매를 걱정하기도 한다. 치매에 관해서는 아직 밝혀지지 않은 부분이 많고, 예방을 하려고 해도 그 효과가 분명하지 않다.

노화는 이처럼 누구나 일찌감치 자각하는 것이다. 노화를 자각하면 자신을 과소평가하게 되고, 강한 열등감이 생긴다고 아들러는 지적한다(『신경질적 성격에 관해Über den Nervösen Charakter』).

또다시 소속감에 관해

...

일을 하던 사람이라면 나이가 들어서 정년퇴직을 맞이하게 된다. 정년이 정해지지 않은 일이라 하더라도 사람에 따라 늦든 빠르든 결국에는 능력의 저하를 자각하는 시점에서 업무의 내용과 양을 변경할 수밖에 없다.

하지만 노년의 문제는 능력 쇠퇴 자체에 있지 않다. 아들러는 업무의 가치가 사람의 가치를 평가할 때 거의 결정적이라고 말했다(『신경질적 성격에 관해Über den Nervösen Charakter』). 직책의 높고 낮음이 인간으로서의 높고 낮음으로 간주되는 사회에서는 업무를 내려놨을 때 자신에게 더 이상 가치가 없다고 느껴지고, 업무를 떠난 후에는 실의에 빠진 나날을 보내게 된다.

아들러는 이때 노인이 아직도 가치가 있고 사회에 필요한 사람이라고 생각한다면, 아이의 말을 모두 받아주는 온화한 노인이 되거나 매섭고 신랄한 비평가가 된다고 한다(『아이들의 교육The Education of Children』).

앞서 살펴봤듯이 소속감, 즉 '자신이 여기에 있어도 괜찮다'는 감각은 사람의 가장 기본적인 욕구인데, 오랫동안 일을 해온 사람에게는 퇴직하고 직장을 떠날 때가 인생의 커다란 위기라고 할 수 있다.

비록 퇴직 후에 유유자적한 생활을 기대해온 사람이라도, 조직에 소속되지 않았다는 불안은 생각보다 크다. 일을 하지 않고 있으면 더 이상 자신이 젊지 않다는 점을 자각하고, 건강에도 자신감이 없어지며, 자신의 한계가 온 것처럼 느껴지기도 한다.

그런 '무소속의 시간'이 "인간을 인간으로서 소생시키고, 더 크게 성장시키는 시간(시로야마 사부로,『무소속의 시간으로 산다』)"이라고 생각하는 데까지는 꽤 많은 노력이 필요하다. 그러면 소속감에 관한 문제에 어떻게 대처해야 좋을까?

젊었을 때와는 다른 공헌

...

아들러가 "중요한 것은 무엇이 주어졌느냐가 아니라, 주어진 것을 어떻게 사용하느냐"라고 말했고, 고대 로마의 철학자 키케로Marcus Tullius Cicero도 이렇게 말했다.

"지금 청년 같은 체력이 필요하다고 생각하지 않는 이유는 청년에게 소나 코끼리 같은 힘이 필요한 것이 아니기 때문이다. 현재 보유하고 있는 체력을 잘 사용하면 되는 것이다."

또한 나이가 들면서 지력이 약해지지만, "책을 뇌 근육 (그런 것이 만약에 있다면)으로 통째로 씹어 먹는 젊은 시절 (스가 아츠코, 『밀라노, 안개 낀 풍경』)"에 비하면 인생이나 세상에 관한 이해가 오히려 더욱 깊어진다.

며칠 동안 밤을 새워도 괜찮았던 체력이나 점심 식사를 거를 만큼 높았던 집중력이 사라지고, 젊었을 때는 할 수 있었던 일을 지금은 할 수 없게 되었다고 한숨만 내쉬고 있다면, 제자리걸음만 하며 조금도 앞으로 나아가지 못하는 것과 같다.

앞에서 소개한 '사람들이 모든 일을 해내는 것은 할 수 있다고 생각하기 때문이다'라는 베르길리우스의 말처럼 노년의 한계 내에서라도 무언가 일단 시작해야만 비로소 나이를 핑계로 포기하는 일이 사라진다.

세토우치 자쿠초瀬戸内寂聴, 도널드 킨Donald Keen, 츠루미 슌스케鶴見俊輔가 81세 때 벌인 대담이 『동시대를 살다』라는 제목의 책으로 출판되었는데, 이 책에서 벌어지는 '지智의 향연'은 젊은 사람들의 추종을 불허한다.

그러나 나이 들면 젊었을 때보다 할 수 있는 일이 줄어드는 것은 사실이다. 그럴 때일수록 잃어버린 젊음을 한탄만 하지 말고, 자신이 어떤 형태로 주변 사람에게 공헌할 수 있는지를 생각해보기 바란다.

이전처럼 주변 사람들에게 자신의 가치를 알리려고 할 필요는 없다. 특별한 일을 할 수 없지만, 그럼에도 불구하고 자신의 가치가 전혀 줄어들지 않았다고 생각하기 위해서는 용기가 필요하다. 이에 관해서는 뒤에서 질병에 관해 이야기할 때 생각해보겠다.

라이프스타일의 차이에 의존한다
...

모든 사람이 노화를 똑같은 방식으로 받아들이지 않는다.

아들러는 갱년기가 결코 위기가 아니라고 말했다. 지금까지의 인생에서 젊음과 아름다움으로만 가치를 인정받았던 여성은 갱년기가 되면 "사람의 이목을 끌기가 어렵고, 자신을 부정적으로 생각하며, 적의를 갖고 방어적인 태도를 취한다. 언짢은 기분 때문에 우울증이 도지기도 한다(『살아가는 의미를 찾아Der Sinn des Lebens』)."

그러나 모든 여성이 젊음과 아름다움으로만 가치를 인정받지는 않는다.

플라톤의 『국가Politeia』에서는 소크라테스가 케팔로스Kephalos라는 신심 깊고 온후한 노인과 이야기를 나눈다. 케팔로스는 다음과 같이 말했다.

"사람은 나이가 들면 술을 마시거나 소란을 피우거나 성관계를 맺는 젊었을 적의 쾌락이 사라진다고 한탄합니다. 예전에는 행복했지만 지금은 살아 있는 것조차 실감할 수 없을 만큼 슬픔으로 가득하지요. 몸 안에 존재하는 누군가가 자신을 학대하는 것 같다고 읊조리는 노인도 있습니다. 하지만 그런 사람은 진정한 원인이 아닌 것을 원인이라고 생각하는 것 같습니다."

노화가 불행의 원인이라면 자신도 역시 불행해야 할 텐데, 그렇지 않다는 말이다.

"소크라테스여, 불행의 원인은 노화가 아니라 사람의 성격입니다. 만족할 줄 아는 사람이라면 노년이 그다지 괴롭지 않습니다. 하지만 노년이 괴롭다는 사람은 청년이었을 때도 역시 괴로운 인생이었을 것입니다."

늙고 병들고 죽는 것을 어떻게 받아들이느냐는 각자의 라이프스타일에 따라 다르다고 아들러는 생각했다.

"몸이 급속도로 쇠약해지고 마음이 흔들리는 것을 죽으면 완전히 소멸한다는 증거라며 두려워하는 사람이 많다(『살아가는 의미를 찾아Der Sinn des Lebens』)."

하지만 아들러는 죽더라도 완전히 소멸한다고 생각하지 않았다. 다만, 죽음이 어떤 의미인지는 더 생각해볼 필요가 있다.

병에 걸렸을 때
...

병은 노화와 달리 언제 어디서 걸릴지 모른다. 나이가 젊은데도 병이 들어 요절하는 사람도 있지만, 병은 아무래도 노화와 관련이 깊다.

건강할 때는 자신과 몸이 일체화되어 몸의 존재를 잊어

버리고 살지만, 병이 들면 몸에 의식을 집중시키게 된다. 종이에 손가락이 베었을 때는 상처를 보는 순간 고통을 느끼기 시작하고, 상처의 고통을 다른 곳으로 돌릴 수 없다.

하지만 나이가 들면 몸에서 이상 신호가 나타나도 스스로 알아차리지 못하고, 알아차리더라도 오히려 좋은 쪽으로 해석해버릴 수도 있다. 나는 심근경색으로 쓰러지기 전부터 심장이 나빠서 빨리 걸을 수 없었는데도, 운동 부족이기 때문에 근력이 떨어져서 걷기가 힘들어졌다고만 생각했다. 혈압도 높고 밤에 잠도 잘 이루지 못했는데도 별일 아니라고 여겼는데, 몸에서 발산되는 경고를 무시하거나 좋은 쪽으로만 해석해버린 셈이다.

문득 누군가의 시선을 느껴서 고개를 들어보면 모르는 사람과 눈이 마주치는 경우가 있다. 이때 그 사람은 분명히 내가 눈치채기 전에 나에게 시선을 보내고 있었을 것이다. 몸의 이상 신호와 그에 대한 나의 응답도 이와 비슷하게 약간의 시차가 있다. 때로는 이 시차가 치명적일 수도 있다.

그러나 대부분의 경우 상황의 심각함을 전혀 알아차리

지 못하는 것은 아니다. 실제로는 알아차리고 있기 때문에 병원 검진을 거부하기도 한다.

스위스의 정신과 의사 퀴블러 로스Elizabeth Kübler Ross는 의사로부터 불치병에 걸렸다고 통보받은 환자가 처음에는 "그럴 리가 없습니다. 뭔가 착오가 있을 겁니다" 하며 부인하는 행동을 보인다고 한다.

한편, 몸의 이상 신호에 즉각 응답하는 사람도 있다. 몸에 조금이라도 이상을 느끼면 바로 진찰을 받고, 문제가 있으면 늦기 전에 처치를 한다.

어찌 됐든 평생 한 번도 병에 걸리지 않는 사람은 없다. 몸의 이상 신호에 귀를 기울이지 않는 사람이 갑작스럽게 병에 걸리는 것처럼 보일 뿐이다.

오히려 자신이 건강하다고 생각할 때야말로 병에 쉽게 걸리는 상태일지도 모른다. 병은 피할 수 없으며, 병에 걸리는 것은 결코 운이 나쁘기 때문이 아니다.

네덜란드의 정신병리학자 판덴베르흐Jan Hendrik van den Berg는 "정말로 건강한 사람은 병에 걸리기 쉬운 몸을 갖고 있고, 그 사실을 스스로도 잘 알고 있다"라고 말했다(『병상의 심리학The Psychology of the Sickbed』).

만약 병에 걸리기 전에 그 사실을 몰랐다가 병에 걸리고 나서야 자신이 쉽게 병에 걸리는 사람이라는 사실을 비로소 깨달았다면, 그것도 나름대로 의미가 있다. 물론 병을 달가워하는 사람은 없을 테지만, 자신이 건강하다는 자만심은 버리는 편이 바람직하다.

내가 심근경색으로 입원했을 때 한 간호사가 들려준 말을 지금도 자주 떠올린다.

"일단 살았다고 만족하는 사람도 있어요. 하지만 앞날을 생각하면 무리하지 말고 지금 푹 쉬시는 게 좋아요. 아직 젊으시니까 다시 태어났다는 기분으로 열심히 사세요."

분명히 다시 태어난 것처럼 지금까지와는 세상이 달라보였다. 병에 걸리기 전과는 다르게 살겠다고 다짐했다.

병에 걸렸을 때는 병에 걸렸다는 사실을 냉정하게 받아들일 필요가 있다. 다행히 치료가 되더라도 그에 만족하지 말고 또다시 병에 걸릴 수도 있다는 생각으로 충분히 주의를 해야 한다. 병과 정면으로 마주하고, 병에 걸린 몸이 들려주는 이야기에 귀를 기울여야 한다.

제3장에서 책임에 관해 이야기했는데, 병에 관해서도 마찬가지다. 병에 걸린 몸이 들려주는 이야기에 응답Response할 수 있는 것Ability이 책임Responsibility이다. 몸의 경고를 무시하는 사람은 무책임한 사람이다.

병에서 회복하기
...

병에서 회복한다는 것은 무슨 의미일까? 건강할 때는 자신의 몸을 의식하지 못한다. 물론 가끔씩 두통이 생기거나 배가 아프거나 어깨가 결릴 수는 있다. 하지만 고통이 줄곧 따라다니지 않고 금세 회복된다.

하지만 고통이 오래가거나 경험해보지 못한 격통을 느끼면 혹시 심각한 병의 징후가 아닌지 불안에 휩싸인다. 그렇기 때문에 부인하며 더욱 몸이 들려주는 이야기(고통)를 무시하거나 경시하려고 한다. 그러나 아무리 참아도 무시할 수 없을 만큼 고통이 심해지면 한순간도 몸에서 의식을 떼어놓을 수 없게 되고, 결국 몸에 지배당하고 만다.

그렇다면 회복은 이런 과정을 반대로 거치면 되지 않을까? 다시 말해 몸을 전혀 의식하지 않는 상태로 돌아가는 것이 회복이라고 할 수 있지 않을까?

그런 식으로 생각하는 것도 완전히 틀리지는 않겠지만, 만약 몸을 의식하지 않게 되면 앞에서 소개한 간호사의 말처럼 '일단 살았다고 만족해버리는' 일이 생길 수 있다.

분명히 몸 상태가 좋아지고 고통에서 벗어났다면 회복했다고 할 수 있다. 회복한 사람의 대부분은 곧바로 병에 걸리기 전의 생활로 돌아간다. 심근경색에 걸렸던 나도 담배를 다시 피우기 시작했다. 또한 입원 중이나 퇴원 후에 얼마 동안은 식사에 주의를 기울였던 사람도 이내 이전과 똑같은 식생활로 돌아간다. 그 때문에 병으로 줄었던 몸무게가 금세 원래 상태로 늘어난다.

이처럼 병이 치료된 후에 이전의 나쁜 생활로 돌아가는 경우가 많으므로 단순히 몸을 의식하지 않게 된 것을 회복했다고 보는 것은 무리가 있다. 물론 몸을 의식하지 않게 된 것은 고마운 일이지만, 이래서는 병에 걸리기 전의 건강한 몸으로 완전히 되돌아갔다고는 할 수 없다.

그러므로 완치되었다고 해서 곧바로 원래의 생활로 돌아가지 말고, 병에 걸린 경험에 의해 이전에는 몰랐던 사실을 깨닫고 음미해보아야 한다. 그리고 앞으로도 또다시 병에 걸릴 수 있음을 실감해야 한다. 그럼으로써 병에 걸리기 전과는 다른 인생을 산다면, 그것이 바로 진정으로 회복했다는 의미라고 할 수 있다.

면역학자 다다 도미오多田富雄는 뇌경색으로 목소리를 잃고 우반신이 마비가 되었다. 손발이 마비되었다는 것은 뇌신경 세포가 죽었다는 뜻이므로 다시는 원래 상태로 돌아갈 수 없었다. 만약 기능을 회복한다면 신경이 원래대로 복구되어야 하는 것이 아니라 신경이 새롭게 만들어져야 할 것이다. 그는 새롭게 태어나는 신경이 '또 하나의 나'라고 느껴진다고 한다.

"지금은 연약하고 둔중하지만, 또 하나의 나는 무한한 가능성을 품고 내 안에서 태동하고 있는 듯하다. 또 하나의 나는 묶인 채 침묵하는 거인처럼 느껴진다(『과묵한 거인』)."

재활 치료Rehabilitation는 단순히 기능을 회복시키는 훈련을 의미하지 않는다. 'Rehabilitation'의 라틴어 어원을 따져보면 '다시re- 능력을 준다habilitare'는 뜻이다. 문제는 그 능력이 무엇이냐는 데 있다. 재활 치료가 단순히 기능을 회복시킨다는 의미라면 회복될 가능성이 없을 경우 재활 치료를 중단해도 된다는 발상으로 이어진다.

하지만 비록 눈에 보이는 기능이 회복될 가능성이 없더라도 다다 도미오의 말을 빌리면 '새로운 인간을 재생'할 가능성은 있다.

병에서 회복한다는 것은 이처럼 병에 걸리기 전의 건강한 몸으로 되돌아간다는 의미만은 아니다. 내가 병에 걸렸던 일 자체는 결코 바람직하지 않았고 잃어버린 것도 많았지만, 그래도 병에 걸린 덕분에 '새로운 사람'으로 다시 태어났다고 강하게 느꼈다.

병에 걸린다는 의미

···

병에 걸리는 것은 결코 바람직하지 않다. 하지만 사람이 절대 병에 걸리지 않는 방법은 없으며, 세상에는 불행하게

도 큰 병에 걸려 목숨을 잃는 사람도 부지기수다. 고통스러워하는 환자의 이야기를 들으면 슬픔으로 가슴이 찢어질 것 같다.

『왜 착한 사람에게 나쁜 일이 일어날까』라는 책이 있다. 저자인 쿠쉬너Harold S. Kushner는 랍비(유대교의 성직자)로, 어린 아들이 10년 정도의 시한부 인생을 선고받은 상태였다. 불합리하다고 생각될 만큼 불행한 사태에 직면한 쿠쉬너는 자신이 믿는 신에게 따져 묻고 싶었다. 왜 아들이 이런 고통을 겪어야만 하느냐고.

아무런 죄도 없는 사람이 우연히 괴한을 만나 칼에 찔려 죽어야만 하는 이유를 생각해본 적이 있는가? 자신과 같은 나이의 사람이 병에 걸려 쓰러졌다는 소식을 듣고 마치 본인이 병에 걸린 것처럼 충격을 받고 상심에 빠진 적이 있는가?

또 누구나 이런 비슷한 생각을 해봤을 것이다. 갑작스러운 죽음이 자신에게 운 좋게 비껴갔을 뿐, 누구에게나 일어날 수 있는 일이었다고. 이렇게 생각하면 온몸이 떨린다.

아들의 불치병과 선한 신의 전능함이 양립할 수 없을지도 모른다는 물음에 쿠쉬너는 신은 선하지만 전능하지 않다고 생각했다. 또한 병이나 불행은 신이 인간을 벌하기 위한 도구가 아니며, 신의 위대한 계획의 일부도 아니라고 생각했다. 그리고 "현실은 이렇습니다. 저는 이제부터 무엇을 해야 합니까?"라고 물었다. 이는 현실을 긍정하는 말이 아니다. 사람은 고통이나 과거에 초점을 맞춘 물음, 즉 '왜 나에게 이런 일이 일어났습니까?'라는 물음에서 탈피하고 시선을 미래로 돌리려는 물음을 내놓아야 한다고 쿠쉬너는 말했다.

신도 비참한 사건을 막을 수 없다. 그러나 불행을 극복하는 용기와 인내력을 줄 수 있다. 이런 힘이 신 말고 누구에게서 얻을 수 있겠냐고 쿠쉬너는 묻는다. 신을 내세우는 것은 쿠쉬너가 랍비이기 때문에 당연한 것이겠지만, 꼭 그렇지 않더라도 병, 사고, 재난으로부터 재기하는 사람의 모습에서는 감동마저 느껴진다.

병에 걸린다는 것은 이처럼 불합리하고, 인간을 벌하기 위한 신의 도구도 아니며, 그 자체로는 아무런 의미가 없다. 하지만 내 경험에 비추어보면 퀴블러 로스Elisabeth Kübler Ross의 말처럼 자신이 병에 걸렸다는 사실을 '부인'하고 싶은 심정이 된다. 술이나 담배를 입에 대지도 않았는데 이렇게 젊은 나이에 왜 이렇게 큰 병에 걸렸을까 하고 따져 묻고 싶은 것이 인지상정인 것이다.

생명 자체의
절대적인 고마움
…

병에 걸려서야 비로소 건강의 고마움을 깨닫는 경우가 많다. 그러나 건강의 고마움에 관해 이야기하는 것은 건강을 다시 회복했을 때를 전제로 한다.

소설가 호조 다미오北條民雄는 한센병에 걸린 주인공을 통해 '삶에 대한 사랑'과 '생명 자체의 절대적인 고마움'을 이야기했다. 당시에는 한센병을 치료하는 효과적인 방법이 없어서 환자는 격리된 채 살아야만 했다. 절망한 주인공은 끈으로 목을 매어 죽으려고 했지만 끈이 풀어지면서 실패했다. 그는 "목을 맨 끈이 느슨해지는 느낌이 들자 왠지 마음이 놓였다"라고 말했다. 그리고 또다시 목을 맬 생각이 들지 않았다(『목숨의 초야』).

앞으로 병세가 좋아질 가능성이 보이지 않을 때는 건강의 고마움뿐 아니라, 호조가 말하는 '생명 자체의 절대적인 고마움'도 알고 있어야 한다. 그것이 환자의 생각을 나타내는 적절한 표현이다.

시간이 없는 해안
...

지금까지의 내용을 염두에 두고, 병에 걸려 신체적으로 원래 상태로 돌아갈 수 없을지라도 무엇을 배울 수 있을지 생각해보겠다.

첫째, 환자(그리고 가족)는 '시간이 없는 해안'에 떠밀려 온 존재다. '시간이 없는 해안'은 네덜란드의 정신병리학자 판덴베르흐의 말이다.

"모든 일은 시간의 흐름과 함께 움직이지만, 환자는 시간이 없는 해안에 떠밀려온 존재다(『병상의 심리학The Psychology of the Sickbed』)."

병에 걸리면 내일의 업무 약속을 취소해야 하기 때문에 내일은 오늘의 연장선상에 있지 않다. 당연히 올 것이라고 여겼던 미래가 사라지는 셈이다. 물론 병에 걸리기 전에도 미래가 정말 찾아올지는 장담할 수 없다. 하지만 적어도 건강할 때는 그 사실을 의식하지 않은 채 지낸다.

"인생을 가장 심하게 오해하는 사람은 누구일까? 바로 건강한 사람들이 아닐까(『병상의 심리학The Psychology of the Sickbed』)?"

'내일이 반드시 찾아올 것이라는 보장은 없다'라는 사실을 알아차리지 못한 채 살아가는 데는 긍정적인 측면도 있다. 병에 걸려 시간이 사라지는 경험을 한 사람은 그 후 시간에 관해 이전과는 다른 견해를 갖게 된다. 이것이야말로 병에 걸렸을 때 배울 수 있는 소중한 지혜다.

아리스토텔레스Aristoteles는 '키네시스(운동)'와 '에네르게이아(상태)'에 관해 다음과 같이 대비하며 논했다(『형이상학Metaphysics』).

사람은 고통이나 과거에 초점을 맞춘 물음,
즉 '왜 나에게 이런 일이 일어났습니까?'라는 물음에서 탈피하고
시선을 미래로 돌리려는 물음을 내놓아야 한다.

일반적인 운동(키네시스)에는 시작점과 끝점이 있다. 그 운동은 효율적이고 신속하게 달성되는 것이 바람직하므로 큰 역에만 정차하는 급행열차와 같다. 목적지에 도달하는 것이 중요하며, 목적지에 이르기까지의 운동은 목적지에 이르기 전까지 불완전하며 미완성이다.

한편, 에네르게이아는 지금 '이루어지고 있는 상태'가 그대로 '이루어진 것'과 같은 운동이다. 이 운동은 시작점과 끝점이 있는 운동(키네시스)과 달리 지금 움직이는 것이 어딘가에 도달했는지에 상관없이 이미 완성되어 있다.

예를 들어, 춤은 지금 춤추는 것 자체에 의미가 있다. 춤을 추면서 어딘가에 도달하려는 사람은 없을 것이다. 여행도 에네르게이아의 운동이라고 할 수 있다. 집을 나서는 순간부터 시작되는 것이 여행이기 때문이다. 목적지에 도착하기 전이라도 목적지로 향하는 과정 하나하나가 모두 여행이라고 할 수 있다. 여행을 할 때는 평상시와 다른 시간이 흐르기 시작한다. 목적지로 가는 시간을 단축하는 이른바 '효율적인 여행'이 결코 중요하지 않다.

그렇다면 삶은 어떤 운동에 속할까?

인생은 시작점(출생)과 끝점(죽음)이 있는 수직선으로 비유되는 경우가 많다.

'당신은 지금 인생의 어느 지점에 있습니까?'라고 물었을 때 청년은 수직선의 중간에서 왼쪽을 가리킬 것이고, 중장년은 수직선의 중간에서 오른쪽을 가리킬 것이다. 그러나 '인생의 반환점까지는 아직 멀었다'라거나 '인생의 반환점을 돌았다'라는 등의 표현은 앞으로도 살날이 많이 남았다는 것을 전제로 하는데, 우리가 언제 죽을지 알 수 없는 한 인생의 반환점이 정확히 어느 지점인지는 아무도 모른다.

이미 70~80년을 살아왔다면 확실히 반환점을 돌았다고 할 수 있겠지만, 어쩌면 세상의 모든 사람들이 이미 인생의 반환점을 돌았는지도 모른다.

병에 걸리면 인생을 이처럼 선분으로 파악할 수 없게 된다. 앞으로도 계속 이어질 것이라고 믿었던 미래가 어쩌면 사라지게 될지도 모르는 현실에 직면하기 때문이다.

산다는 것은 시작점과 끝점이 있는 운동이 아니라, 춤을 추는 것 같은 에네르게이아의 운동, 즉 어딘가에 도달한다는 목적이 없는 운동이다. 매 순간 '지금 살아 있다는 것 자체'가 삶이다.

나의 어머니는 49세 때 뇌경색으로 돌아가셨다. 자식들이 다 크면 여행이나 하면서 지내고 싶다고 입버릇처럼 말씀하셨던 분이다. 병에 걸려 쓰러지셨을 때는 자식들이 이미 다 컸지만 여행을 하면서 지내겠다는 계획은 실행되지 못했다.

어머니는 병상에서 "여행은 떠날 수 있을 때 떠나는 거야"라고 말씀하셨다. 하고 싶은 일이 있는데도 이런저런 핑계를 대며 미룬다면 언제까지고 할 수 없게 된다.

그렇다면 인생을 갑자기 마감하게 된 사람은 목표를 이루지 못하고 도중에 좌절하고 만 것일까?

나는 그렇지 않다고 생각한다. '도중'이라는 표현은 인생을 공간적으로 파악할 때 사용하는 말이다. 하지만 삶을 에네르게이아로 본다면 사람은 살아가는 동시에 삶을 이루고 있다. 내일이 기다리고 있지 않더라도 인생은 지금 여기에서 완성되어 있다고 할 수 있다.

이 점을 깨닫는다면 병에서 회복되지 않더라도 혹은 회

복되지 못하더라도 괜찮다고 할 수 있다. '시간이 없는 해안에 떠밀려온 존재'라는 말은 시간 자체가 사라진다기보다, 이전과는 다른 방식으로 시간을 파악하게 된다는 의미라고 이해하면 된다.

'존재' 자체로
공헌할 수 있다
...

아들러는 문제 행동을 일으키는 소년의 사례를 들었다(『학교에서의 개인심리학Individualpsychologie in der Schule』). 소년의 문제 행동은 너무 심각해서 소년의 아버지가 소년을 시설에 맡기려는 생각까지 할 정도였다. 그러던 소년이 병에 걸려 1년 동안이나 병상에 누워 지내다가, 가까스로 겨우 회복하고 학교에 복학했다. 그 후 소년의 성격은 180도 바뀌었다.

소년은 이전까지 자신이 다른 형제보다 부모에게 냉대를 받았다고 느꼈는데, 오랜 투병 생활 내내 가족이 자신을 성심껏 돌봐주고 있음을 깨달았다. 자신은 냉대받고 있었다고 생각했지만, 실은 부모의 사랑을 듬뿍 받고 있었던 것이다.

병에 걸리고 나서야 비로소 이 세상을 바라보는 시각이 바뀌었다. 이전까지는 남들을 적이라고 생각했는데, 가족이 헌신적으로 간병해준다는 사실을 깨닫게 된 후에는 자신이 사실은 사랑받고 있음을, 남들이 적이 아니고 동료임을 깨달은 것이다.

하지만 누구나 그 소년처럼 생각하지는 않는다. 어떤 아이는 자신이 병에 걸리자 평소 자신을 그다지 살피지 않던 가족이 헌신적으로 자신을 돌봐주고 있다는 사실을 깨닫게 되고, 병에 걸리면 온 가족의 관심을 끌 수 있다는 점을 배우게 된다(꼭 아이에게만 해당되는 이야기는 아니다).

보통은 병에서 회복하면 병에 걸렸을 때와 같은 주목을 더 이상 받을 수 없게 된다. 그것이 병에서 회복한다는 일면이다. 그런데 병에 걸리기 전부터 자기중심적으로 모든 일을 파악했던 사람은 병이 나아서 더 이상 각별한 관심을 받지 못하면 실망에 빠진다. 그래서 의학적으로는 아무런 근거가 없는데도 병에 걸린 척 연기를 하기도 한다.

다만 여기에서는 자신이 살아 있는 것 자체에 이미 가치가 있다는 점을 강조하고자 한다. 이는 자신이 아니라 다른 사람, 예를 들어 가족이나 소중한 친구가 병에 걸렸을 때를 생각해보면 쉽게 알 수 있다. 그러면 그 사람이 살아 있는 것만으로도 고맙게 느껴진다. 그리고 병에 걸린 가족이나 친구를 위해 자신이 무언가 힘이 되어줄 수 있는 것 자체가 기쁘다. 비록 환자가 직접 고맙다는 말을 해주지 못하는 상태라도 그 기쁨은 줄지 않는다. 고맙다는 말을 듣지 않더라도 자신이 아픈 사람을 위해 어떠한 형태로든 공헌할 수 있다고 느끼는 것만으로 충분하다.

나는 오랫동안 치매를 앓던 아버지를 간병했는데, 오래된 기억 위에 새로운 기억이 모래처럼 겹쳐지는 아버지는 지금 이 순간만 살고 있는 것과 마찬가지였다. 예전에는 아버지와의 관계가 썩 좋지 않았지만, 곁에서 아버지가 평온한 만년을 보내는 모습을 볼 수 있어서 다행이라고 생각했다.

만일 가족이나 친구가 병에 걸렸을 때 그 사람이 살아

있는 것 자체가 기쁘게 느껴진다면, 내가 병에 걸렸을 때도 가족이나 친구는 내가 살아 있는 것만으로도 기쁨을 느낄 것이다. 그러므로 병에 걸리면 주변 사람들에게 공헌의 기쁨을 선사해줄 수 있다고 생각해도 된다. 물론 이렇게 생각하는 데는 용기가 필요하다.

내 경험으로 말하자면, 병에 걸렸을 때는 그저 주변 사람들에게 폐를 끼쳤다는 생각밖에 들지 않는다. 하지만 그런 생각은 주변 사람을 신뢰하지 않고 남을 '동료'로 생각하지 않는 것과 같다.

심근경색으로 쓰러지기 얼마 전에, 학창 시절 친구로부터 대학교수가 되었다는 인사장을 받았다. 당시에 나는 그 누구와도 다른 독특한 삶을 선택했다고 자부하고 있었지만, 한때는 나도 대학교수가 되기를 꿈꿨기 때문에 그 친구의 인사장이 내 마음을 자극했고 좀처럼 편안하지가 않은 것에 스스로 놀랐다. 친구의 승진을 순수한 마음으로 기뻐하지 못하고 질투한 것이다.

입원하고 얼마 지나지 않아 그 친구가 생각났다. 그래서 인사장에 적힌 이메일 주소로 연락을 취해보았다. 그러자 즉시 답장이 왔고, 그날 바로 재회할 수 있었다. 바빴을 텐데도 나를 걱정해서 한걸음에 달려와 준 것이었다. 그 순간 호조 다미오가 말한 '생명 자체의 절대적인 고마움'을 절실히 느꼈다.

모든 것을 잃어버렸다고밖에 생각할 수 없는 나를 걱정해주는 사람이 이 세상에 존재한다는 사실을 알 수 있었고, 이는 병에 걸린 덕에 얻은 소중한 경험이었다.

피할 수 없는 죽음
...

사람이 살아가면서 절대 피할 수 없는 문제가 죽음이다. 죽음을 어떻게 인식하는지는 사람에 따라 다르겠지만, 인간이 인생의 마지막 순간에 반드시 죽음을 맞이할 것이라는 사실은 삶에 큰 영향을 끼친다.

고대 그리스의 철학자 에피쿠로스Epikuros는 다음과 같이 말했다.

"여러 가지 나쁜 것 가운데 가장 무서운 죽음은 우리에게 아무것도 아니다. 왜냐하면 우리가 존재할 때는 죽음이 존재하지 않고, 죽음이 존재할 때는 우리가 존재하지 않기 때문이다(Diogenes Laertius, 『Vitae Philosophorum』)."

이는 확실히 그럴듯한 말이다. 우리는 '남의 죽음'을 볼 수는 있지만, 살아 있는 동안에는 '나의 죽음'을 경험해볼 수 없다. '나의 죽음'은 죽어야만 비로소 체험할 수 있으니, 지금 살아 있는 동안에는 죽음이 존재하지 않는다고 할 수 있다.

그러나 우리에게 죽음이 무서운 이유는 죽음이 어떤 것인지 아무도 모르기 때문이다. 인간은 모르는 것에 불안을 느끼는 법이다. 임사 체험을 하는 사람은 있지만, 임사臨死는 어디까지나 죽음에 가까이 이르렀다는 뜻이지 죽음 자체는 아니다.

임사 체험을 한 사람들은 더 이상 죽음을 두려워하지 않게 되었다고 말하는 경우가 많다. 만약 그들의 임사 체험 증언이 사실이라면 죽음을 두려워하지 않아도 되겠지만, 안타깝게도 죽은 사람은 이 세상에 돌아오지 않기 때문에 그 진위는 확실치 않다.

한편, 죽음이 무섭다고 말하면서도 자신만은 절대 죽지 않을 것이라고 착각하는 사람들이 많다. 아무리 크게 다쳐도 자신만큼은 죽지 않을 것이라는 희망을 버리지 않는 것이다.

내가 구급차에 실려 병원에 도착했을 때, 의식은 있었기 때문에 의사로부터 심근경색이라는 병명을 전해 들은 일까지 기억한다. '그런 병에 걸리기엔 너무 이르지 않나? 이렇게 허무하게 죽는 건가? 이렇게 죽는다면 너무 섭섭한걸' 하고 생각했지만, '설마 진짜 죽지는 않겠지' 하는 생각도 있었다. 정신이 멍해서 도통 제대로 된 생각을 하지 못했을 수도 있다.

그래도 죽음의 문턱까지 갔다가 겨우 살아 돌아온 경험은 많은 것을 배울 수 있는 기회였다. "혹시 임사 체험을 하셨나요?"라고 해맑게 물어보는 사람도 있는데, 나는 임사 체험까지는 하지 않았지만 살아 돌아온 후 죽음에 대한 인식이 바뀌었다는 것은 분명한 사실이다. 당장 완치된 것은 아니었으므로 죽음을 두려워하지 않게 되기는커녕, 그다음 해에 관상동맥우회술을 받아야 하는 일도 남아 있었다. 그렇기 때문에 죽음과 직결되는 심장의 질병은 한층 더 내 의식에서 죽음의 공포를 떨쳐버리지 못하게 했다.

죽음의 공포를 극복한다
...

죽음은 삶의 한가운데에 존재한다고 할 수 있다. 물론 삶의 한가운데에 존재하는 죽음은 죽음 자체가 아니라 오로지 '죽음의 공포'라는 형태로 존재한다.

실제로 죽어보지 않으면 죽음을 알 수 없기 때문에 죽음을 두려워하며 부정적으로 보는 데는 목적이 있다고 생각할 수 있다. 소크라테스는 죽음을 두려워하는 것은 죽음을 알지 못하지만 알고 있다고 생각하는 것과 같다고 말했다 (플라톤, 『소크라테스의 변론Apology』).

죽음에 대한 공포를 만들어내는 이유는 인생의 과제에 임하기를 회피하기 위해서라고 생각할 수 있다.

힘든 일이 생겨도 인생의 과제를 해결할 수 있다고 생각한다면, 죽음이나 질병을 두려워하는 것을 핑계 삼아 인생의 과제를 회피할 필요는 없다. 그러므로 인생의 과제를 해결할 의지가 있다면 죽음이나 질병은 더 이상 두려운 존재가 아니다.

하지만 인간은 반드시 죽음을 맞이한다는 문제는 남는다. 죽음에 맞서지 않기 위해 죽음을 두려워한다면 다른 인생의 과제를 회피하려고 할 때도 같은 태도를 취하려고 할 것이다. 죽음은 그런 의미에서 삶과 동떨어진 것이 아니라, 삶의 일부라고 할 수 있다.

죽음을 끝이라고
생각하지 않는다
...

죽음의 공포에서 벗어나기 위해 사람이 하는 일은 죽음을 무시하는 것이다. 자기는 절대 죽지 않는다고 자기암시를 하거나, 죽음이 끝이 아니라고 믿기도 한다. 퀴블러 로스처럼 죽음을 이번 인생에서 다른 인생으로 이행하는 것에 불과하다고 생각하거나(『상실 수업On Grief and Grieving』),

살아 있을 때와는 다른 형태로 바뀔 뿐(예를 들어, 바람으로
바뀐다거나) 완전히 무無가 되지는 않는다고 생각한다.

　죽음 이후에 또 다른 삶이 존재한다고 생각하고 싶어하
는 기분은 충분히 이해한다. 죽어도 무無가 되지 않는다고
믿어야만 죽음의 공포를 극복할 수 있고, 남겨진 사람도
죽은 사람과 이별한 슬픔을 치유할 수 있다.

보상받지 못하더라도
…

　나의 어머니는 시어머니를 간병하기 위해 일을 그만두
었고, 자식들을 뒷바라지하느라 반평생을 바쳤다. 자식들
이 성장해서 겨우 자신의 인생을 즐기려던 참에 뇌경색으
로 돌아가셨다. 평생 고생만 하다 돌아가신 어머니 같은
인생은 과연 어떻게 보상받아야 할까? 스위스의 사상가
힐티Carl Hilty는 다음과 같이 말했다.

　"생전에 천벌을 받지 않는 사람이 있다는 사실은 이 세
상에서 모든 계산이 끝나는 것이 아니라 필연적으로 죽음

뒤의 또 다른 세상이 존재한다는 추론을 정당화한다(『잠 못 이루는 밤을 위하여Für schlaflose Nächte』)."

분명히 이렇게 생각하는 사람이 많다.

하지만 나는 나쁜 사람이 벌을 받지 않거나 착한 사람이 보상을 받지 않는다는 사실이 내세가 존재한다는 증거라는 증명할 수 없는 생각에 희망을 걸고 싶지 않다.

사람이 군이 보상받기를 원하지 않는 삶을 살았다면 죽은 후에도 보상받기를 꼭 원할 필요가 없다.

개인적이지 않은 죽음

...

예전에 나는 사람이 죽어서도 무無로 돌아가지 않고, 또 다른 세상으로 옮겨가서 인격과 개성을 유지한 채 살아갔으면 좋겠다고 생각했다.

그러므로 죽었을 때 인격이나 개성이 무언가 고차원적인 존재와 일체화하거나 자연의 순환 속으로 들어가 버린다면, 나는 더 이상 내가 아니게 된다. 따라서 그런 형태의 내세는 내가 원하던 내세가 아니었다.

그러나 병을 앓고 난 이후에는 무언가 고차원적인 존재와 일체화함으로써 개성이 사라진들, 죽어서 무無로 돌아간들 뭐 그렇게 대수인가 싶어졌다.

그렇게 생각하게 된 이유는 이렇게 살아 있을 때조차 나라는 인격은 나 혼자서 완결되지 않는다는 사실을 깨달았기 때문이다. 한 사람의 개성은 남들과 완전히 분리된 채 성립하지 않는다.

개성에 대한 집착에서 벗어나 자신에 대한 관심을 다른 사람에게로 돌리는 일이 중요하다. 내가 앞으로 어떻게 될까 하는 걱정을 앞세우지 않는다면, 죽은 뒤에 개성이 유지될지를 걱정할 필요도 없다.

다음 세대에게
...

여기에서 주의해야 할 점은 아들러의 다음과 같은 말에서도 알 수 있다.

"몸이 급속도로 쇠약해지고 마음이 흔들리는 것은 죽으면 완전히 소멸한다는 증거라고 두려워하는 사람이 많다(『살아가는 의미를 찾아Der Sinn des Lebens』)."

아들러는 사람이 죽으면 완전히 소멸한다고 생각하지 않았다. 하지만 아들러는 죽으면 개성이 사라지는지에 관한 문제를 직접적으로 언급하지도 않았다.

아들러는 다음과 같이 말했다.

"인생의 마지막 시험은 나이 들어 죽는 것에 대한 공포다. 다음 세대를 보면서 문화의 발전에 공헌했다고 의식함으로써 자신의 내세를 확신하는 사람은 나이 들어 죽는 것을 두려워하지 않는다(『살아가는 의미를 찾아Der Sinn des Lebens』)."

시간은 유한하고 인생의 마지막에는 반드시 죽음이 찾아오지만, 공동체에서 완전히 사라지지 않기를 바라는 사람에게 내세를 약속하는 것은 전체의 행복에 공헌하는 것이라는 말이다. 전체의 행복에 공헌하는 예로서 '어린이'와 '일'을 들 수 있다(『우월과 사회적 관심Superiority and Social Interest』).

형태는 사람에 따라 다르겠지만, 세상에 무언가를 남김으로써 후세에 공헌할 수 있다면 의미가 있다. 이때 나 자신이 죽어서도 남을 수 있느냐는 큰 문제가 되지 않는다. 어머니는 자식을 키워 사회에 유용한 역할을 하는 사람으로 키우는 것이 삶의 보람이다. 자식을 만드는 이유는 혈통을 잇기 위해서도 아니고, 늙었을 때 돌봐줄 사람이 필요해서도 아니다.

키케로는 『노년에 관하여De senectute』라는 책에서 극작가 스타티우스Publius Papinius Statius의 "다음 세대에 도움이 되도록 나무를 심는다"라는 말을 인용했다. 지금 씨를 뿌려도 살아생전 나무가 성장한 모습을 볼 수 없다.

루터Martin Luther도 이런 말을 남겼다.

"내일 지구가 멸망하더라도 나는 한 그루의 사과나무를 심겠다."

실제로 나무를 심겠다는 의미가 아니다. 자기 자신이 성과를 보지 못할지언정 후세에 무언가를 남기겠다는 것이 영원히 살 수 있는 하나의 방법이라는 뜻이다.

꼭 형태가 있는 물건을 남길 필요는 없다. 우치무라 간조內村鑑三는 『후세에 물려줄 가장 큰 유산』이라는 책에서 이 세상을 떠날 때 '지구(국가가 아니라는 점에 주목해야 한다)'를 사랑했다는 증거를 남겨야 한다고 말했다.

우치무라는 남겨야 할 유산 가운데 첫 번째로 '돈'을 꼽았다. 그는 "돈을 버는 것은 자신을 위한 것이 아니다. 신의 올바른 길에 따라, 우주의 정당한 법칙에 따라 국가를 위해 부를 사용한다는 실업實業의 정신이 우리에게 깃들기를 바란다"라고 말했다. 문제는 누구나 돈을 남기지는 못한다는 데 있다.

우치무라가 후세에 남겨줄 유산의 두 번째로 꼽은 것은 '사업'이다. 세 번째로 꼽은 유산은 '사상'이다. 그러나 이 역시 '가장 큰' 유산은 아니다. 사업이나 사상도 누구나 남겨줄 수 있는 유산이 아니기 때문이다.

그래서 우치무라는 누구나 후세에 남겨줄 수 있는 의미의 '가장 큰' 유산으로 '생애'를 꼽았다. 어떤 사람이 살았다는 사실은 꼭 형태가 있는 물건이 아니더라도 얼마든지 누구나 후세에 전달할 수 있다. 우치무라는 다음과 같이 말했다.

"내가 생각하기에 인간이라면 누구나 후세에 남겨줄 수 있는 유산이 있다. 이 유산은 이익만 있고 손해는 없다. 그것은 바로 용감하고 고상한 생애다."

앞에서 나는 죽으면 무無로 돌아갈 가능성, 무로 돌아가지는 않더라도 개성이 사라질 가능성에 관해 이야기했다. 하지만 유산을 남긴다면 개성이 사라지지는 않는다고 생각한다. 우치무라의 말처럼 생애를 남긴다면 그 생애를 살았던 사람과 동떨어진 채 생각할 수 없기 때문이다.

더 나아가, 태아가 자의식이 없기 때문에 인간이 아니라고 단순하게 생각하지는 않는다. 태동을 느끼는 어머니가 태아는 틀림없는 인간이라고 생각하듯이, 뇌경색으로 의식을 잃은 나의 어머니 역시 인간이듯이, 사람은 죽어서도 남겨진 것에 의해 영원히 똑같은 인간으로 있을 수 있다.

키케로의 『노년에 관하여』에서는 화자인 카토가 경애하는 사람에 관해 "이 사람이 세상을 떠나면 가르침을 줄 사람이 아무도 남지 않는다"라고 말했다. 분명히 세상을 떠난 사람에게서는 더 이상 직접 무언가를 배울 수 없다. 그러나 그 사람이 남긴 책이 있다면 그 책을 읽을 수도 있고,

생전에 나눴던 대화나 이야기를 기억할 수도 있다.

주목해야 할 것은 사람 자체가 아니라 그 사람의 말이다. 몇십 년 전에 사망한 사람의 말이라도 누군가의 마음 속에서 살아 숨 쉬고 있다면, 그 사람은 영원히 살고 있다고 할 수 있다.

그렇다면 평범한 사람은 아무도 기억해주지 않을 것이라고 생각할 수도 있다. 하지만 천재라고 하더라도 인류에 공헌하지 않았다면 이 세상에 흔적을 남기지 못할 것이다. 반대로 역사 교과서에 이름이 실리지 않은 사람에게서도 배울 점이 많을 것이다.

자신이 잊히더라도 자신을 기억하지 못하는 후세 사람들을 비난할 수 없다. 하지만 자신은 잊히더라도 자신이 후세에 공헌하고 단 한 명에게라도 영향을 끼쳤다면 그것만으로도 괜찮지 않을까 싶다. 사실 우리는 이름도 모르는 수많은 사람들의 노력 덕분에 지금 여기에서 살아갈 수 있는 것이다.

시게마츠 기요시重松清의 소설 가운데, 암으로 죽은 아내가 죽기 직전에 남긴 편지를 남편이 읽는 이야기가 있다

『그날을 앞두고』). 아내는 그 편지를 간호사에게 맡겼고, 남편은 아내가 죽은 후 간호사로부터 편지를 받았다. 봉투를 찢었을 때 나온 것은 한 장의 쪽지였다. 그 쪽지에는 이런 말이 적혀 있었다.

"날 잊어도 괜찮아."

'잘 산다'는 말의
구체적인 내용
...

결국 죽음이 무엇인지는 알 수 없다. 앞으로 얼마나 더 살 수 있을지도 알 수 없다. 그러나 죽음이 어떤 것이냐에 따라 지금의 삶이 달라지지는 않는다. 살아가는 한, 죽음이 어떤 것이든 상관없이, 어떻게 살아가야 할지를 고민하는 것이 죽음에 관해 생각하는 하나의 길이다.

죽음이 어떤 것인지도 모르는 데다 앞으로 얼마나 더 살지도 스스로 결정할 수 없다면, 그런 문제에 관해 머리를 싸매고 고민할 필요가 없다. 아들러는 "그저 사는 데만 급

급해서 힘들어하는 사람이 너무나 많다"라고 말했다(『인간이해Menschenkenntnis』).

그렇다면 오래 사는 데만 신경 쓰지 말고, 주어진 삶 속에서 할 수 있는 일을 하기 위해 노력하는 수밖에 없다.

아들러는 다음과 같이 말했다.

"중요한 것은 무엇이 주어졌느냐가 아니라, 주어진 것을 어떻게 사용하느냐다."

이 말은 삶의 문제 전반에 적용할 수 있다.

주어진 삶을 어떻게 사용할 것인가? 플라톤의 말을 빌리면 앞으로 살아갈 시간을 그냥 보내지 말고, '잘 살기' 위해 사용해야 한다.

아들러는 다음과 같이 말했다.

"인생은 유한하지만, 삶을 가치 있게 만드는 데는 충분히 길다(『아이들의 교육The Education of Children』)."

이처럼 중요한 것은 '잘 사는' 일이다. 그 구체적인 내용은 다음과 같은 아들러의 말에서 힌트를 얻을 수 있다.

"내가 가치 있다고 생각될 때는 나의 가치가 공동체에 유익할 때뿐이다(『Adler Speaks』)."

내가 남에게 도움이 된다고 느껴야 그런 자신을 좋아할 수 있게 되고, 비로소 삶의 가치를 얻을 수 있다. 이를 위해 남들과 관련을 맺으려면 대인관계를 주된 내용으로 하는 인생의 과제를 회피해서는 안 된다.

"인생에 의미가 없다거나 목적이 없다고 생각하는 사람은 인생이 자기 마음대로 되지 않는다고 생각하는 사람뿐이다(『인생이 당신에게 어떤 의미가 되어야 하는가?What Life Should Mean to You?』)."

행운만 바라면서 스스로 아무것도 하지 않아도 주변 사람들이 자신을 위해 움직여준다고 생각하는 의존적인 아이의 라이프스타일을 유지한 채 성장한 어른은 냉정한 현실에 부딪혀 좌절하기 십상이다. 인생에는 의미가 없다고 생각하는 목적은 따로 있다. 바로 인생의 과제를 회피하기 위해서다.

죽음을 생각하지 않기 위해 잘 사는 데 주의를 기울이라는 말은 아니다. 만족스러운 연애관계를 맺은 사람은 그 사랑이 영원할지 미리 걱정하지 않는다. 걱정할 필요가 전혀 없을 만큼 알찬 사랑을 하고 있기 때문이다.

장래를 추호도 고민할 필요가 없을 만큼 충실한 연애를 한다면 그 연애는 분명히 성취될 것이다. 반대로 충실한 연애가 아니라면 장래에 대한 걱정으로 불안해질 것이다.

인생도 이와 마찬가지가 아닐까? 잘 사는 데만 전념한 다면 앞으로의 일은 걱정할 필요가 없다. 죽으면 어떻게 될지 궁금하기는 하지만, 죽음을 지나치게 의식한다면 삶을 알차게 살아갈 수 없다.

제 5 장

일상

속에서

행복찾기

인생의 마지막 날을 기다리지 말고,
또한 내일을 오늘의 연장선이라고 생각하지 말고,
오늘 하루를 만족스럽게 산다면
지금 이곳에서 행복해질 수 있다.

문득 발을 멈추고

...

제4장에서 아리스토텔레스가 키네시스(운동)와 에네르게이아(상태)를 구별했다는 점을 살펴보았다. 출퇴근이나 통학의 움직임은 시작점과 끝점이 있고 되도록이면 효율적으로 움직여야 하기 때문에 키네시스라고 할 수 있을 것 같지만, 출퇴근이나 통학이라는 반복적인 일상생활 속에서도 에네르게이아로서의 삶이 존재한다.

출근 전철 안에서도 마치 여행을 떠나온 것처럼 창밖으로 보이는 풍경에 가끔씩 마음을 빼앗겨도 괜찮지 않을까?

그런 식으로 생각한다면 효율이 요구되는 일상생활도 단순한 반복이 아닐 수 있다.

또한 병에 걸리는 비일상적인 체험을 하지 않고도 '내일을 오늘의 연장선이라 여기지 않고' 살 수 있다. 하지만 그러기는커녕 앞으로의 인생이 빤히 내다보인다고 생각하는 사람이 더 많은 것 같다. 요즘의 젊은 사람들은 인생 설계를 너무나도 일찍 끝내는 경향이 있다.

아직 사회에 나오지 않은 젊은 사람이나 어린이들에게 장래의 진로를 물으면 좋은 학교에 진학하고 일류 대학을 나와 안정된 직장에 들어가겠다고 천편일률적으로 대답한다. 그러나 일류 대학에 합격했다고 해서 장래가 보장되지는 않는다.

장래가 보장될 것이라고 믿는 이유는 지금의 인생에 희미한 빛밖에 비치지 않기 때문이다. 만약 강한 빛을 스포트라이트처럼 '지금, 이곳'에 비춘다면 앞은 전혀 보이지 않을 것이다.

오늘날은 앞이 보이지 않는 세상이라고 말하는 사람이 많은데, 그것은 분명 불안한 일이다. 하지만 오늘 하루가 지금 이곳에서 완성된다고 하면 앞날을 생각하며 불안에 떨지 않아도 된다. 물론 내일을 오늘의 연장선으로 생각하지 않고 살기 위해서는 용기가 필요하지만, 그런 삶이야말로 에네르게이아로서의 삶이 아닐까 싶다.

거창한 이야기를 하려는 것이 아니다. 아침에 냉장고를 열고서 오늘 밤에 무엇을 만들어 먹을지 고민하는 자신을 문득 깨닫고 쓴웃음을 짓는 경우가 있다. 준비가 철저한 것은 좋은 일이지만, 이제 겨우 하루가 시작되었기 때문에 저녁에 무엇을 먹을지 미리 결정할 필요가 없다. 저녁 식사 메뉴는 아침에 생각하지 않아도 된다.

나는 초등학생 시절에 중학생이 되었을 때를 생각하곤 했다. 중학생이 되자 고등학교에 들어가는 일만 생각했다. 지금 돌이켜보면 미래를 고민할 시간에 그 순간순간을 더욱 즐겼으면 좋았을 것이라는 후회가 든다. 진학하기 위해서는 시험을 봐야 하겠지만, 매 순간의 삶은 미래에 이어지는 인생의 준비 기간이 아니다.

'지금은 가짜 인생이지만 이것만 이루면 진짜 인생이 시작된다'는 식의 사고방식이 아니라, 지금 이 순간이 리허

설이 아닌 '진짜 인생'이라고 생각해야 한다.

이전에 근무했던 한 내과의 진료소에서 나의 아버지와 비슷한 연배의 사람들에게 카운슬링을 해준 적이 있다. 카운슬링이 끝나면 매번 "오늘 이야기를 잊지 않도록 요점을 한마디로 적어주세요"라고 부탁하는 사람도 있었는데, 나는 그럴 때마다 "오늘도 똑같은 이야기를 적겠습니다"라고 말하며 카운슬링의 내용에 상관없이 '인생을 미루면 안 된다'라고 적었다.

인생을 미루지 않는 것은 행복해지기 위해 사소하지만 매우 중요한 마음가짐이다.

영원을 응시하며
...

이처럼 지금 이 순간에 집중하며 살 수 있다면 이따금 찾아오는 좋은 기회를 놓치지 않게 된다. 무엇이 좋은 기회인지 알아차리기는 쉽지 않다. 별 뜻 없이 한 말이 남에게는 인생의 전기가 되기도 한다.

한편, 지금 이 순간에 집중하며 사는 동시에 '영원한 시간이 있는 것처럼' 일에 몰두할 필요도 있다. 철학자인 모리 아리마사森有正는 다음과 같이 말했다.

"당황해서는 안 된다. 릴케가 말했듯이 앞으로 무한한 시간이 있다고 생각하고 침착해야 한다. 그래야 양질의 일을 낳을 수 있다(『일기』)."

불교학자 스즈키 다이세츠鈴木大拙는 90세에 자신의 저서인 『교행신증教行信証』을 영어로 번역하기 시작했다. 연보에 따르면 총 여섯 권의 영어 번역본을 완성한 때는 그의 나이 93세였다. 그는 식사 시간 외에는 번역에만 몰두해서 하루에 열 페이지를 번역하지 않으면 잠자리에 들지 않았다고 한다.

그의 시중을 들었던 오쿠무라 미호코奥村美穂子는 번역에 몰두하는 스즈키 다이세츠를 보고 나이를 개의치 않는 모습에 화가 날 정도였다고 밝혔다(『스즈키 다이세츠는 누구인가?』).

나는 이 이야기를 처음 듣고, 내가 만약 스즈키 다이세츠의 나이까지 산다면, 몇 년이 걸릴지도 모를 일에 착수

할 용기를 과연 낼 수 있을까 싶었다. 만약 착수했다 하더라도 앞으로 남은 수명이 얼마나 될지 늘 의식할 것이다. 끝을 맺을 수 없을 것 같으면 처음부터 그 일에 착수하지도 않을 것이다.

그러나 생각해보면 스즈키 다이세츠의 일만이 특별하지는 않다. 우리가 일상적으로 하고 있는 업무도 반드시 끝까지 해내리라는 보장이 없다. 하지만 완성해내지 못한다고만 생각한다면 어떤 일에도 착수하지 못할 것이다.

아들러는 다음과 같이 말했다.

"자신감을 갖고 인생의 과제와 대결하려는 사람은 초조해하지 않는다(『살아가는 의미를 찾아Der Sinn des Lebens』)."

'시간이 없다'는 이유로 일을 받아들이지 않는 사람은 인생에 한계가 있다는 사실을 인생의 과제에 임하지 않겠다는 핑계로 이용한다고 할 수 있다.

아들러의 말을 뒤집어 말하면, 자신감이 없는 사람은 초조해하고, 그 초조함을 설명하기 위해 시간이 유한하다는 사실을 핑계로 내세운다.

이중의 삶

...

이처럼 앞을 응시하는 동시에 지금 이 순간에 집중하는 이중의 삶이 요구된다. 즉, 현실이 어떻든 간에 '이상을 잃지 않는 것'과 '지금 이 순간을 사는 것'을 양립시켜야 한다는 뜻이다.

언제든 우리를 좌절로 몰아넣을 위험으로 가득 찬 세상에서 경쟁을 통해 살아남아야 하는 오늘날의 현실을 바라보면 '남을 동료로 파악하고 공헌하라'는 아들러의 말은 현실성이 없어 보일지도 모른다.

그러나 이상은 현실이 아니기 때문에 이상인 것이다. 앞을 응시해야만 지금 눈앞에서 일어나는 사건에 동요하지 않고, 지금 이 순간에 집중할 수 있다. 한 걸음도 앞으로 나아갈 수 없을 것 같은 사건과 맞닥뜨려도, 넓은 눈으로 보면 그 사건은 인생의 커다란 에피소드이기는 하지만 치명적이지는 않다는 점을 깨닫게 된다.

하지만 이는 불행(또는 불행이라고 여기는 것)의 소용돌이에 있는 사람은 이해하지 못할 것이다. 내일 고통이 사라진다고 해도 '지금'의 고통은 조금도 누그러지지 않기 때문이다. 신이 아닌 평범한 우리가 주변 사람의 불합리한 죽음과 마주쳤을 때 모든 것이 신의 뜻이라고 받아들이기에는 고통이 너무 크다.

인생에서는 분명히 길을 잃고 헤매는 경우가 있다. 하지만 이상을 '길잡이 별'(『살아가는 의미를 찾아Der Sinn des Lebens』)로 삼는다면 금세 길을 찾을 수 있다. 그렇다면 인생에서 만나는 모든 사건이 이상에 도달하기 위한 과정에서 일어나는 셈이 되고, 일시적으로 쓰러질지언정 절망하지는 않을 것이다.

이 점을 이해한다면 매 순간에 발목을 잡히지 않고 또 다른 일을 시작할 수 있다. 최종적으로 달성해야 할 이상이야말로 궁극적인 목표이자 '행복'이다.

목표에 초점을 맞춘다
...

궁극적인 목표를 응시하지 않는다면 눈앞의 일을 궁극

적인 목표라고 착각하게 된다. 눈앞의 목표는 진정한 목표가 아닌데도 눈앞의 목표를 달성하는 일 자체를 목표로 삼아버린다. 이를 고집하다 보면, 눈앞의 일이 궁극적인 목표 달성에 유용하지 않다는 사실이 밝혀져도 멈출 수 없게 된다.

한편, 목표만 달성하면 된다고 생각하고 달성에 이르는 과정을 즐기지 않는 경우도 있다. 대학교에 합격하거나 좋은 직장에 취직하고, 결혼에 성공하기만 하면 이후의 행복이 보장된다고 생각하는 사람도 있다. 대학교나 좋은 직장, 결혼은 인생의 출발점 가운데 하나이지, 결코 골인 지점이 아니다.

궁극적인 목표에 초점을 맞춘다면 늘 하나의 길만 고집하지 않고, 필요하다면 다른 길을 선택할 수도 있다. 그런데 그때까지 들인 시간과 노력과 돈이 너무 많으면 길을 바꾸는 데 큰 용기가 필요하다.

실제로 첫 결심을 뒤집어야 할 때가 종종 있다.

철학자 츠루미 슌스케는 베트남 전쟁의 탈영병을 도와준 적이 있다. 츠루미는 일본인 탈영병을 자신의 집 2층에

숨겨주었다. 그 탈영병은 미국에서 대학교를 다니고 있었는데, 전쟁에 나가면 학비를 면제해준다는 말을 듣고 미군에 자원입대했다고 한다. 그러나 베트남에서 그를 기다리고 있던 것은 맹목적으로 죽고 죽이는 아비규환의 참상이었다.

처음부터 모든 것을 파악하고 결정하기는 쉽지 않다. 이러한 특수 사례뿐 아니라 결단이 필요한 모든 경우에 그렇다. 츠루미는 다음과 같이 말했다.

"아프가니스탄까지 가서 죽고 죽이면서 생각해볼래? 그럼 어떻게 될까? 여기까지 와서 무슨 소리냐, 하며 핀잔만 듣겠지. 그게 일본의 정의감이라는 거냐? 정의감에서 조금은 자유로워져도 괜찮을 것 같아(『츠루미 슌스케 대담집―미래에 두어야 하는 것은?』)."

물론 다른 길을 선택해야 하는 상황이 항상 일어나는 것은 아니다. 그러나 다른 길로 나아가겠다고 생각했을 때, 목표에 확실히 초점을 맞춰두었다면 지금 어떤 일이 일어나도 사소한 것들에 흔들리지 않고, 최종 목적지를 응시할 수 있다. 쓸데없는 일을 하지도 않고, 길을 돌아가지도 않을 것이다.

하지만 목적지에 도착하기만 하면 되는 것은 아니다. 목적지에 도착할 때까지 줄곧 졸기만 하면 재미없지 않겠는가. 때로는 창밖의 풍경을 즐기는 여유도 필요하다.

쉽게 마음을 바꾸라고 하는 말이 아니다. '이 길밖에 없다. 뒤는 돌아보지 않겠다'며 고집을 피우는 사람에게 약간 마음의 여유를 가지라고 하는 말이다.

그리고 목표 달성에 효과적인 일만 하는 것도 문제다. 수험생이라고 해서 공부 외에 다른 일을 전혀 하지 않으면 나중에 후회할 것이다.

기계는 특정한 목적을 달성하면 그만이다. 왜냐하면 기계는 특정한 목적을 위해서'만' 만들어져서 움직이기 때문이다. 인간도 특정한 목표를 세우고 그 목표를 향해 움직인다는 의미에서 기계와 비슷할지도 모른다. 그러나 목적 달성에 이르기까지 그저 목적에 유용한 일만 하지 않고, 언뜻 쓸데없어 보이는 일도 할 수 있다는 점이 인간과 기계의 차이다. 효율적으로만 살아가는 것은 인간의 삶과는 거리가 멀다.

인생은 쉽지 않다

...

인생을 살면서 직면하는 과제는 무엇 하나 쉬운 일이 없다. 그러나 어렵다고 해서 혹은 실패가 두렵다고 해서 과제를 회피하고, 회피한 것을 정당화하기 위해 인생의 어려운 점을 찾아내서 핑계로 이용해서는 안 된다. 인생의 과제를 회피하기 위한 구실로 찾아낸 인생의 어려운 점은 사실 본질적으로 어렵지 않다.

인생은 분명히 괴롭다. 이 세상은 완전하지 않고 부조리로 가득하다. 어린이나 청년이 요절하는 일, 사고나 재해를 당하는 일, 큰 사건에 휘말리는 일……

다행히 사고를 피한다 하더라도 나이가 들면 몸이 쇠약해지고 병에 걸린다. 홀로 살아간다면 모르겠으나, 남들과 관련을 맺고 살아가는 이상 대인관계의 갈등 역시 피할 수 없다. 하지만 인생은 괴로운 일의 연속이 아니라는 점도 엄연한 사실이다.

아들러는 이 세상이 장밋빛이라는 것도, 반대로 세상을 비관적인 말로 묘사하는 것에도 반대했다(『아이들의 교육The

Education of Children』). 또한 다음과 같은 말도 남겼다.

"지구상에서 유유자적하며 살아가는 사람은 인생의 쾌적함뿐 아니라 불쾌함까지 자신에게 속한 것이라고 확신한다(『우월과 사회적 관심Superiority and Social Interest』)."

인생에는 쾌적함뿐 아니라 불쾌함도 존재하는데, 아들러는 '지구상에서 유유자적하며 살아가는 사람'이 그 사실을 확신한다고 말한다. '지구상에서 유유자적하며 살아간다'라는 표현은 아들러가 즐겨 사용했는데, 이와 반대되는 표현은 '적진 한가운데 떨어졌다'이다.

"분명히 이 세상에는 악, 어려움, 편견이 존재한다. 그러나 그것이 우리 세상이며, 이로운 점이나 불리한 점이나 모두 우리의 몫이다(『인생이 당신에게 어떤 의미가 되어야 하는가?What Life Should Mean to You?』)."

이 세상에 악이 존재하고, 인생에서는 좋은 일만 일어나는 것이 아니며, 나 역시 안 좋은 일을 많이 당했다. 하지만 살아 있어서 다행이라고 늘 생각한다. 따라서 괴로움이 없지는 않지만, 그래도 살아 있을 가치는 있다.

세상을 변혁한다

...

살아 있을 가치가 있다고 말하려면 이 세상에 어떤 어려움이 있어도 자신이 처한 현실에서 눈을 돌리지 말고, 자신이 할 수 있는 일을 해나가야 한다.

나는 어머니에게 독일어를 가르쳐드렸던 일이 있다. 어머니는 뇌경색 때문에 반신불수였지만, 병상에서도 공부를 하고 싶어하셨다. 사람은 어떤 역경 속에서라도 자신의 뜻대로 하고자 한다는 사실을 어머니로부터 배웠다.

이처럼 현실에 절망하지 말고 자신이 할 수 있는 일을 찾아냈으면 한다. 우치무라 간조는 "죽기 전에 이 세상을 조금이라도 개선한 후 죽고 싶다"라고 말했다(『후세에 물려줄 가장 큰 유산』).

아들러는 이로운 점과 불리한 점이 동시에 존재하는 이 세상에서 겁내지 말고 자신의 과제에 적절한 방법으로 과제와 맞서는 것이 "세상을 개선하는 데 자신이 해야 할 역할이다"라고 말했다(『인생이 당신에게 어떤 의미가 되어야 하는가?What Life Should Mean to You?』).

지금 이곳에서
행복해질 수 있다

...

고대 그리스의 역사가 헤로도토스Herodotos의 『역사
Histories』에는 아테네의 정치가 솔론Solon과 리디아의 왕 크
로이소스Kroisos의 대화가 실려 있다. 크로이소스는 솔론에
게 물었다. "지식을 탐구하며 세상을 돌아다녔던 당신은
누가 이 세상에서 가장 행복한 사람이라고 생각하는가?"

사실 크로이소스는 자신이 가장 행복한 사람이라는 대
답을 듣기 위해 솔론에게 그렇게 물었던 것이다. 하지만
솔론은 가장 행복한 사람으로 크로이소스가 아니라 텔로
스라는 사람의 이름을 꼽았다. 텔로스는 번영했던 아테네
에서 태어나 재능 있는 자식들을 키워냈고 손자까지 무사
히 성장시킨 평범한 가장이었다. 경제적으로 유복했으며,
이웃 나라와의 전쟁에 참전해서 적을 패퇴시킨 후 아테네
를 위해 영광스럽게 전사했다.

우리는 솔론의 대답에 만족할 수 있을까? 개인과 국가
사이의 일체감이 옅어진 오늘날, 자식 복이 많고 경제적으

로 어려움이 없었다고는 해도 전쟁에 나가 죽은 사람이 과연 행복하다고 할 수 있을까?

정치에 관한 생각은 사람마다 다르겠지만, 국가가 전쟁을 벌일 때 그 전쟁에 참전하는 사람은 전쟁을 일으킨 정치가가 아니라 아무 힘도 없는 청년들이다. 국가를 위해 죽는다는 것이 행복하다고는 쉽게 말할 수 없다. 전쟁까지는 일으키지 않더라도 잘못된 정치 체제하에서 사람이 과연 행복하게 살 수 있을지는 의문이다.

크로이소스는 솔론에게 "내 행복은 얼마나 가치가 있는가?"라고 캐물었다. 솔론은 이렇게 대답했다.

"어떤 행운이라도 영원히 지속되지 않습니다. 오늘 행복하다고 해서 내일도 행복할 것이라는 보장도 없습니다. 인간의 모든 일은 우연일 뿐입니다."

그 후에 리디아의 수도 사르디스는 페르시아군에 함락당했고, 리디아의 왕이었던 크로이소스도 포로 신세로 전락했다. 크로이소스는 높이 쌓인 장작 위에서 화형에 처해졌다. 크로이소스는 솔론의 말을 떠올렸다.

"인생을 살아가는 한 그 누구도 행복하다고 할 수 없다."

그런데 과연 인생을 살아가는 한 인간은 행복해질 수 없을까? 나는 이 물음에 다음과 같이 대답하고 싶다. 인생의 마지막 날을 기다리지 말고, 또한 내일을 오늘의 연장선이라고 생각하지 말고, 오늘 하루를 만족스럽게 산다면 지금 이곳에서 행복해질 수 있다.

행복해지기 위해서는 자기 나름대로의 개인적인 행복을 추구하는 것만으로는 충분하지 않다. 더 나아가 자기 혼자만 행복해져도 아무런 의미가 없다. 어쩌면 자기 혼자만 행복해지는 방법은 존재하지 않을지도 모른다.

사람은 남들과의 관계를 떠나 살 수 없으며 다른 사람과 공생할 필요가 있다. 서로 협력하며, 서로 영향을 주고받으며 사는 것이다. 일방적으로 주는 것이 아니라, 남들에게 주기도 하고 받기도 해야 한다.

그런 의미에서 사람과 사람은 상호 의존적인 관계라고 할 수 있다. 이 점을 잊고 자기만 행복해지려고 해서는 안 된다. 아쿠타가와 류노스케芥川龍之介의 『거미줄』이라는 소설에서 주인공 간다타가 하늘에서 내려온 은색 거미줄을 타고 지옥에서 천국으로 들어가려고 할 때, 같은 거미줄을 타고 올라온 다른 죄인을 보고 "이 거미줄은 내 거야!"라고 외쳤다. 그 순간 거미줄이 뚝 끊어지고 말았다.

사람은 이런 상호 의존적 관계에서 다른 사람에게서 받기만 하지 않고, 남들에게 공헌할 수도 있다. 이때 남들에 대한 공헌은 '행위' 차원의 공헌뿐 아니라, '존재' 차원의 공헌도 가능하다.

어떤 식으로든 남들에게 공헌하고 누군가에게 도움이 된다고 느낄 때, 사람은 행복해질 수 있다. 행복이란 곧 내가 누군가에게 공헌하고 있다는 느낌이다. 이런 의미에서 행복은 인생의 끝을 기다리지 않아도 충분히 얻을 수 있다.

놀이도 인생의 과제

...

인생은 괴로움의 연속이 아니다. 즐거운 놀이도 인생의 중요한 과제라고 할 수 있다. 업무가 생산적이라면, 놀이는 비생산적이다. 그러나 생산적이기 때문에 가치가 있고,

비생산적이기 때문에 가치가 없다고 할 수는 없다. 즐겁게 놀 수 있는 사람만이 다른 인생의 과제도 즐겁게 해낼 수 있다.

사실 노는 데 서투른 나는 놀이가 중요하다는 설명을 하기에 적합한 사람이 아닐지도 모른다. 하지만 관상동맥우회술을 받았을 때의 경험을 통해 놀이의 중요성을 설명해 보고자 한다.

내가 받은 수술은 인공심폐를 사용해 심장을 멈춘 상태에서 이루어졌다. 심장을 멈춘다는 사실은 나에게 더할 수 없는 공포를 안겨다 주었다. 수술 날 아침, 의사가 다가와서 나에게 말을 붙였다.

"억지로 웃을 필요는 없습니다."

"무서워요."

"무서우시겠지요. 하지만 저는 수술을 성공시킬 자신이 있습니다!"

의사의 자신만만한 말에 나는 수술의 공포를 날려버릴 수 있었다.

수술을 6천 번 이상 경험한 의사가 수술 중에 일어날 수 있는 불의의 사태로 인한 위험성을 모를 것이라고는 생각할 수 없다. 하지만 의사는 일단 하기로 마음먹었으니 이왕이면 자신만만한 태도를 보여주는 것이 좋다고 생각했을 것이다.

의사가 나와 달리 너무나 자신감에 차 있다는 점에 처음에는 당황스러웠지만, 환자인 나에게뿐 아니라 가족, 동료 의사, 간호사, 병문안을 온 사람들에게까지 열심히 이야기해주는 모습을 보고 그 의사에 대한 인상이 확 달라졌다.

간호사를 통해 그 의사가 '병원은 놀이터다'라는 말을 입에 달고 산다는 이야기를 듣고 나는 고개가 끄덕여졌다. 환자인 나는 현재 직면한 사태가 생사를 가르는 일이므로 당연히 진지하게 대처해야 하겠지만, 그렇다고 너무 심각해질 필요는 없다는 사실을 그 의사로부터 배웠다. 격무에 시달리면서도, 또한 극도의 긴장을 동반하는 수술을 앞에 두고도 그 의사는 병원을 놀이터라고 생각하며 자신의 업무를 즐기면서 살아가고 있었다. 나는 그 의사의 태도에 큰 감명을 받았다.

에네르게이아로서의 삶은 분명히 매 순간이 소중하지만, 그렇게 살기 위해 늘 숨이 막힐 정도의 긴장 상태에 있을 필요는 없다. 구약성경 『전도서』에서는 인생의 모든 일에 다 때가 있다고 한다. 태어날 때가 있고, 죽을 때가 있고, 울 때가 있고, 웃을 때가 있다. 그리고 이어서 다음과 같은 말이 쓰여 있다.

"이제 나는 깨닫는다. 기쁘게 사는 것, 살면서 좋은 일을 하는 것, 사람에게 이보다 더 좋은 것이 무엇이랴(『전도서』 3장 12절)."

결국 자신이 하기 나름
...

다른 사람이 인생의 과제에 맞서도록 도와주는 일을 아들러 심리학에서는 '용기 부여'라고 말한다. 그 사람의 장점이나 남들에게 공헌해준 사실을 칭찬하는 방식으로 용기를 부여해줄 수 있지만, 당사자가 인생의 과제에 맞서지 않으려고 하면 그 누구도 그 사람을 도와줄 수 없다.

예를 들어, 대인관계를 맺는 것은 인생의 커다란 과제인데, 이 과제를 회피하는 사람은 어떻게든 남들에게서 문제점을 찾아내고 그것을 핑계 삼아 대인관계를 맺지 않으려고 한다. 마찬가지로 다른 사람과의 관계에 종지부를 찍기 위해 자기 자신의 문제나 단점을 얼마든지 끄집어낸다.

이런 사람에게 "대인관계를 잘 맺지 못하는 것은 당신 탓이 아닙니다"라고 말하면 자신의 심정을 잘 이해해준다고 감사는 받을지언정, 대인관계를 맺기 위한 노력을 더욱 하지 않게 만들어버리는 결과를 초래할 수도 있다.

본인이 지금까지의 라이프스타일로는 더 이상 살아갈 수 없다고 자각하지 않는 한, 아무런 변화도 일어나지 않는다. 주변에서 아무리 노력해도 안 되는 경우가 안타깝지만 일어날 수 있다.

카운슬링은 카운슬러와 내담자가 지도를 보면서 함께 여행을 다니는 것과 같다. 어느 정도까지는 함께 갈 수 있지만, 어느 순간부터는 내담자가 홀로 가야 한다. 그 뒤로 카운슬러는 도와줄 수 있는 일이 아무것도 없다.

카운슬링을 꼭 받지 않더라도, 지금 자신의 모습을 조금씩이라도 바꾸겠다고 결심한 사람은 그 순간부터 이미 변화가 시작되었다고 할 수 있다. 루르드 샘*으로 기적의 물을 찾아 여행을 떠나기로 마음먹었을 때부터 치유는 시작되는 것과 마찬가지다. 삶의 자세가 달라지면 당연히 수반되는 변화라고 할 수 있다.

이 책을 읽은 독자 여러분 가운데, 이 책을 읽기 전에 행복에 관해 한 번도 생각해보지 않은 사람은 없을 것이다.

어떻게 하면 행복하게 살 수 있는지에 관한 고찰은 이것으로 줄이겠다. 이후에는 여러분이 어떤 결심을 하느냐에 달려 있다.

◆ 루르드는 프랑스 남쪽 피레네 산맥 기슭에 있는 작은 마을로, 19차례에 걸쳐 성모마리아가 나타난 뒤로 세상에 알려졌다. 성모마리아를 만난 한 성녀가 손으로 판 곳에서 물이 스며 나와 샘이 되었는데, 이 샘물이 치유의 능력을 지녔다고 여겨진다.

에필로그

도스토옙스키Fyodor Mikhailovich Dostoevskii의『백치』라는 작품에서는 무이쉬킨 공작이 사형수의 에피소드를 이야기하는 장면이 나온다. 이 사형수는 일주일 뒤에 사형이 집행된다고 알고 있었다. 하지만 일정이 갑자기 단축되는 바람에 그날 바로 사형을 집행하기로 결정되었다. 사형수가 아직 잠들어 있던 새벽 5시에 간수가 사형수를 깨웠다.

"무슨 일인가요?"

"9시가 넘으면 사형을 집행하겠다."

사형수는 '서류에는 아직 일주일이 남았다고 쓰여 있는데' 하고 생각했지만, 반박할 힘도 생기지 않았다.

'이렇게 갑작스럽게 죽으면 곤란한데…….'

내가 2006년에 심근경색으로 쓰러져서 구급차에 실려 병원으로 운반되었을 때, 이 사형수와 같은 심정이었다.

다행히 여러 번의 우연을 거쳐 문자 그대로 구사일생으로 살아난 나는 이전까지 한순간도 머릿속에서 떨쳐버릴 수 없었던 죽음에 관한 문제를 정면으로 응시하면서, 예전에 어머니를 간병할 때처럼 '행복이란 무엇인가?'에 관해 매일같이 고민을 거듭했다.

소크라테스를 잇는 키니코스파 철학자 디오게네스Sinope Diogenes는 아무것도 소유하지 않고 술통 안에서 살고 있었는데, 물을 마시기 위한 그릇은 딱 하나 갖고 있었다. 어느 날 디오게네스는 한 아이가 냇물을 맨손으로 떠서 마시는 모습을 보고 '나는 이 아이에게 졌다'라고 생각하고 그릇까지 버리고 말았다. 죽음의 문턱까지 갔던 나는 이런 디오게네스처럼 모든 것을 던져버렸다.

행복에 관해 고찰할 때 병이나 죽음에 관해서도 쓰려고 마음먹은 이유는 병과 죽음이 삶의 너머에 존재하는 것이 아니라, 우리도 모르는 사이에 삶과 항상 어우러져 존재하기 때문이다. 따라서 행복에 관해 생각할 때 병과 죽음은 피할 수 없는 과제다.

병과 죽음은 특별한 과제가 아니다. 사람은 병과 죽음에 직면할 때도 다른 인생의 과제에 직면할 때와 마찬가지 방법으로 대처한다는 사실을 이 책에서 밝혔다.

본문 안에서 '이 사람이 세상을 떠나면 가르침을 줄 사람이 아무도 남지 않는다'라는 카토의 말을 인용했다. 나는 당연히 아들러의 목소리를 들어본 적이 없지만, 시공을 초월해서 아들러로부터 많은 것들을 배울 수 있었던 것에 감사한다. 그 덕분에 소크라테스의 말처럼 '정밀함 속에서 죽어야 한다(『파이돈Phaidon』)'라는 심경과는 멀어지게 되었지만, 인생의 한 위기를 극복할 수 있었다.

이 책이 나오기까지 많은 분들의 노력이 있었다. 나의 첫 저서인『아들러 심리학 입문』을 출판했을 때 도움을 주셨던 데라구치 씨와 또다시 함께 작업할 수 있어서 기뻤다. 이번에 이 책을 문고화하면서 편집장 구로다 씨의 도움을 많이 받았다. 매우 감사드린다.

참고 문헌

- Adler, Alfred. Superiority and Social Interest:A Collection of Later Writing. eds. Heinz L. and Rowena R. Ansbacher. New York: W. W. Norton, 1979(Original:1964).

- Adler, Alfred. Über den nervösen Charakter:Grundzüge einer vergleichenden Individualpsychologie und Psychotherapie, Vandenhoeck & Ruprecht, 1997.

- Ansbacher, Heinz L. and Ansbacher, Rowena R. eds., The indevidual Psychology of Alfred Adler:Systematic Presentation in Selections from his Writings, Basic Books, 1956.

- Ansbacher, Heinz L. and Ansbacher, Rowena R. eds., Alfred Adlers Individualpsychologie, Ernst Reinhardst Verlag, 1982.

- Brett, Colin. Introduction. In Adler, Alfred. Understanding Life(Original. The Science of Living). Brett, Colin ed., Hazelden, 1998.

- Burnst, J.(rec.) Platonis Opera, 5 vols., Oxford(Oxford Classical Texts), 1899-1906.

- Hicks, R. D. Diogenes Laertius. Lives of eminent philosophers, Harvard University Press, 1925.

- Kuschner, Harold S. When Bad Things Happen to Good People, Anchor Books, 2004.

- Laing, R. D. Self and Others, Pantheon Books, 1961.
- Manaster, Guy et al. eds., Alfred Adler: As We Remember Him, North American Society of Adlerian Psychology, 1977.
- Ross, W. D.(rec.). Aristoteles' Metaphysics, Oxford, 1948.
- Sicher, Lydia. The Collected Works of Lydia Sicher：Adlerian Perspective, QED Press, 1991.
- Stone, Mark and Drescher, Karen, eds., Adler Speaks, The Lectures of Alfred Adler, iUniverse, Inc., 2004.
- 아쿠타가와 류노스케, 『거미줄・두자춘蜘蛛の糸・杜子春』, 신초샤, 1968.
- 알프레드 아들러, 『살아가는 의미를 찾아生きる意味を求めて』, 기시미 이치로 역, 아르테, 2008.
- 알프레드 아들러, 『교육 곤란한 어린이들教育困難な子どもたち』, 기시미 이치로 역, 아르테, 2008.
- 알프레드 아들러, 『인간지의 심리학人間知の心理学』, 기시미 이치로 역, 아르테, 2008.
- 알프레드 아들러, 『성격의 심리학性格の心理学』, 기시미 이치로 역, 아르테, 2009.
- 알프레드 아들러, 『인생의 의미의 심리학[상]人生の意味の心理学[上]』, 기시미 이치로 역, 아르테, 2010.
- 알프레드 아들러, 『인생의 의미의 심리학[하](人生の意味の心理学[下])』, 기시미 이치로 역, 아르테, 2010.

- 알프레드 아들러, 『개인심리학 강의個人心理学講義』, 기시미 이치로 역, 아르테, 2012.
- 알프레드 아들러, 『사람은 왜 신경증에 걸리는가人はなぜ神経症になるのか)』, 기시미 이치로 역, 아르테, 2012.
- 알프레드 아들러, 『아이들의 교육子どもの教育』, 기시미 이치로 역, 아르테, 2013.
- 알프레드 아들러, 『아이들의 라이프스타일子どものライフスタイル』, 기시미 이치로 역, 아르테, 2013.
- 우에다 시즈테루, 오쿠무라 미호코 편, 『스즈키 다이세츠는 누구인가?鈴木大拙とは誰か』, 이와나미쇼텐, 2002.
- 우치무라 간조, 『후세에 물려줄 가장 큰 유산 : 덴마크의 이야기後世への最大遺物―デンマルク国の話』, 이와나미쇼텐, 1976.
- 키케로, 『노년에 관하여老年について』, 나카츠카사 데츠오 역, 이와나미쇼텐, 2004.
- 기시미 이치로, 『아들러 심리학 입문 : 더 나은 인간관계를 위해アドラー心理学入門―よりよい人間関係のために』, KK베스트셀러스, 1999.
- 기시미 이치로, 『아들러에게 배우는, 살아가는 용기란 무엇인가?アドラーに学ぶ―生きる勇気とは何か』, 아르테, 2008.
- 기시미 이치로, 『불행의 심리 행복의 철학 : 사람은 왜 고뇌하는가?不幸の心理 幸福の哲学―人はなぜ苦悩するのか』, 유이가쿠쇼보, 2003.

- 기시미 이치로, 『고등학생을 위한 심리학 입문高校生のための 心理学入門』, 아르테, 2009.

- 기시미 이치로, 『육아를 위한 심리학 입문子育てのための心理 学入門』, 아르테, 2010.

- 기시미 이치로, 『아들러, 인생을 살아나가는 심리학アドラー 人生を生き抜く心理学』, NHK출판, 2010.

- 기시미 이치로, 『어려움에 빠졌을 때의 아들러 심리학困ったと きのアドラー心理学』, 주오코론신샤, 2010.

- 기시미 이치로, 『잘 산다는 것 : 죽음으로부터 삶을 생각하다よ く生きるということ―「死」から「生」を考える』, 유이가쿠쇼보, 2012.

- 기시미 이치로, 『개정 신판 아들러를 읽는다 : 공동체 감각의 여 러 가지 모습改訂新版 アドラーを読む―共同体感覚の諸相』, 아 르테, 2014.

- 기시미 이치로, 고가 후미타케, 『미움받을 용기 : 자기계발의 원류 '아들러'의 가르침嫌われる勇気 自己啓発の源流 アドラー の教え』, 다이아몬드사, 2014.

- 엘리자베스 퀴블러 로스, 데이비드 케슬러, 『라이프 레슨ライ フレッスン』, 우에노 게이이치 역, 가도카와쇼텐, 2001.

- 엘리자베스 퀴블러 로스, 『죽는 순간 : 죽음과 그 과정에 관하 여死ぬ瞬間―死とその過程について』, 스즈키 쇼 역, 주오코론샤, 2001.

- 엘리자베스 퀴블러 로스, 데이비드 케슬러, 『영원한 이별永遠 の別れ』, 우에노 게이이치 역, 니혼쿄분샤, 2007.
- 앙리 엘렌베르거, 『무의식의 발견 : 역동정신의학 발달사無意識 の発見―力動精神医学発達史』, 기무라 빈, 나카이 히사오 역, 고 분도, 1980.
- 시게마츠 기요시, 『그날을 앞두고その日のまえに』, 분게이슌 주, 2008.
- 시로야마 사부로, 『무소속의 시간으로 산다無所属の時間で生 きる』, 신초샤, 2008.
- 스가 아츠코, 『밀라노, 안개 낀 풍경ミラノ 霧の風景』, 하쿠스 이샤, 1990.
- 세토우치 자쿠초, 도널드 킨, 츠루미 슌스케, 『동시대를 살다 同時代を生きて』, 이와나미쇼텐, 2004.
- 다다 도미오, 『과묵한 거인寡黙なる巨人』, 슈에이샤, 2007.
- 츠루미 슌스케, 『츠루미 슌스케 대담집 : 미래에 두어야 하는 것은?鶴見俊輔対談集―未来におきたいものは』, 쇼분샤, 2002.
- 도스토옙스키, 『백치白痴』, 기무라 히로시 역, 신초샤(신초문 고), 1970.
- 힐티, 『잠 못 이루는 밤을 위하여眠られぬ夜のために』, 구사마 헤이사쿠, 야마토 구니타로 역, 이와나미쇼텐, 1973.
- 에리히 프롬, 『사랑의 기술愛するということ』, 스즈키 쇼야쿠, 기노쿠니야쇼텐, 1991.

- 판덴베르흐, 『병상의 심리학病床の心理学』, 하야사카 다이지 로 역, 겐다이샤, 1975.
- 헤로도토스, 『역사歷史』, 마츠다이라 지아키 역, 이와나미쇼 텐, 1971.
- 호조 다미오, 『목숨의 초야いのちの初夜』, 가도카와쇼텐, 1955.
- 에드워드 호프만, 『아들러의 생애アドラーの生涯』, 기시미 이치 로 역, 가네코쇼보, 2005.
- 모리 아리마사, 『모리 아리마사 전집 제13권森有正全集第十三 巻』, 지쿠마쇼보, 1981.
- 『성서』, 신공동역, 일본성서협회, 1989.
- 야나기다 구니오, 『신·암 50명의 용기新·がん５０人の勇気』, 분게이슌주, 2009.
- 디오게네스, 『그리스 철학자 열전ギリシャ哲学者列伝』, 가쿠 아키토시 역, 이와나미쇼텐, 1989.
- 라이너 마리아 릴케, 『젊은 시인에게 보내는 편지若い詩人への 手紙』, 사토 고이치 역, 가도카와쇼텐, 1953.
- H. S. 쿠쉬너, 『왜 착한 사람에게 나쁜 일이 일어날까なぜ私 だけが苦しむのか―現代のヨブ記』, 사이토 다케시 역, 이와나 미쇼텐, 2008.
- R. D. 랭, 『자기와 타자自己と他者』, 시키 하루히코, 가사하라 요미시 역, 미스즈쇼보, 1975.

행복해질 용기

(원제 : アドラー心理学実践入門 - 「生」「老」「病」「死」との向き合い方)

1판 1쇄 2021년 6월 30일

지 은 이 기시미 이치로
옮 긴 이 이용택

발 행 인 주정관
발 행 처 북스토리㈜
주　　　소 서울특별시 마포구 양화로 7길 6-16 서교제일빌딩 201호
대표전화 02-332-5281
팩시밀리 02-332-5283
출판등록 1999년 8월 18일 (제22-1610호)
홈페이지 www.ebookstory.co.kr
이 메 일 bookstory@naver.com

ISBN 979-11-5564-237-5 03180

※잘못된 책은 바꾸어드립니다.